高校思想政治教育探索与实践研究

寇跃灵 著

北京工业大学出版社

图书在版编目（CIP）数据

高校思想政治教育探索与实践研究 / 寇跃灵著. — 北京：北京工业大学出版社，2021.5
ISBN 978-7-5639-8002-4

Ⅰ. ①高… Ⅱ. ①寇… Ⅲ. ①高等学校－思想政治教育－研究－中国 Ⅳ. ①G641

中国版本图书馆CIP数据核字（2021）第111786号

高校思想政治教育探索与实践研究
GAOXIAO SIXIANG ZHENGZHI JIAOYU TANSUO YU SHIJIAN YANJIU

著　　者：	寇跃灵
责任编辑：	乔爱肖
封面设计：	知更壹点
出版发行：	北京工业大学出版社
	（北京市朝阳区平乐园100号　邮编：100124）
	010-67391722（传真）　　bgdcbs@sina.com
经销单位：	全国各地新华书店
承印单位：	三河市腾飞印务有限公司
开　　本：	710毫米×1000毫米　1/16
印　　张：	11.5
字　　数：	230千字
版　　次：	2023年4月第1版
印　　次：	2023年4月第1次印刷
标准书号：	ISBN 978-7-5639-8002-4
定　　价：	58.00元

版权所有　翻印必究

（如发现印装质量问题，请寄本社发行部调换010-67391106）

前　言

　　思想政治教育是人类社会实践的一个重要方式，它承担着把握方向、动员力量、凝聚人心、鼓舞斗志的光荣使命。高校思想政治教育工作是高校整体工作的重要组成部分。随着高等教育的快速发展，高校思想政治教育面临的新问题、新情况也不断增多，同时在新的形势下，高校思想政治教育工作也面临着新的机遇和挑战，能否做好高校思想政治教育的工作，关系到高校能否很好地履行人才培养、科学研究和服务社会的历史使命。高校必须以全新的思维方式和视角来审视、探索新时期大学生成长成才的规律，在继承传统思想政治教育合理方法的基础上，积极开展思想政治教育的探索与实践研究，引导高校大学生走上健康发展的道路。

　　本书写作的指导理念是坚持以马克思列宁主义、毛泽东思想和中国特色社会主义理论体系为指导，深入贯彻落实科学发展观，以社会主义核心价值体系为引领。在写作中，坚持以人为本、以学生的成长成才发展为本，为中国特色社会主义事业培育高素质的思想政治教育专门人才服务；从抓好思想政治教育专业主干课程的建设做起，逐步拓展、深化，努力探索马克思主义理论体系、思想政治教育理论体系在学科建设中的规律；关注思想政治教育实践的时代课题，吸取思想政治教育学科理论发展的新成果，在内容、呈现方式上力求创新。

　　本书主要阐述了思想政治教育的地位及作用、高校思想政治教育的基础理论、高校思想政治教育面临的机遇与挑战、高校思想政治教育的教学优化、高校思想政治教育的实践、互联网环境下高校思想政治教育的探索、新媒体环境下高校思想政治教育的提升等内容。

　　本书在撰写过程中参考和借鉴了有关学者的大量的文献及学术著作，在此对相关作者表示感谢。由于作者水平有限，书中难免存在不足之处，恳请广大读者批评指正，以便日臻完善。

目 录

第一章 绪 论 ·· 1
 第一节 思想政治教育的理念诠释 ··· 1
 第二节 高校思想政治教育的发展历程 ······································ 15
 第三节 高校思想政治教育的内容 ·· 23

第二章 高校思想政治教育的基础理论 ·· 27
 第一节 高校思想政治教育的内涵 ·· 27
 第二节 高校思想政治教育的目标 ·· 32
 第三节 高校思想政治教育的任务 ·· 40
 第四节 高校思想政治教育的特征与优势 ··································· 43

第三章 高校思想政治教育面临的机遇与挑战 ······································ 50
 第一节 高校思想政治教育面临的新机遇 ··································· 50
 第二节 高校思想政治教育面临的新挑战 ··································· 56

第四章 高校思想政治教育的教学优化 ·· 61
 第一节 高校思想政治教育的教学内容创新 ······························· 61
 第二节 高校思想政治教育的教学方法改革 ······························· 70
 第三节 高校思想政治教育的教学模式探索 ······························· 73

第五章 高校思想政治教育的实践 ·· 76
 第一节 大学生生命教育 ·· 76
 第二节 大学生诚信教育 ·· 78
 第三节 大学生理想信念教育 ··· 83

第四节　大学生爱国主义教育 ………………………………… 93
   第五节　大学生社会公德教育 ………………………………… 102
   第六节　大学生职业道德教育 ………………………………… 110

第六章　互联网环境下高校思想政治教育的探索 ……………… 126
   第一节　网络思想政治教育的基础理论 ……………………… 126
   第二节　高校网络思想政治教育方法的创新发展 …………… 133
   第三节　高校网络思想政治教育的实现途径 ………………… 141

第七章　新媒体环境下高校思想政治教育的提升 ……………… 146
   第一节　新媒体时代高校思想政治教育工作者新媒介素养的提升 …… 146
   第二节　新媒体时代高校思想政治教育实效性的提升 ……… 152
   第三节　新媒体时代高校思想政治教育亲和力的提升 ……… 168

参考文献 …………………………………………………………… 177

第一章 绪 论

思想政治教育是我们党的优良传统,是我们国家的政治优势,在我国长期的革命和建设中发挥着巨大作用。高校是社会的有机组成部分,是培养高层次人才的重要基地,也是思想政治教育的前沿阵地。目前,我们正处在一个社会网络化、思想多元化的时代,高校大学生思想政治教育面临着严峻挑战,所以高校大学生必须紧跟时代步伐,及时应对挑战。

第一节 思想政治教育的理念诠释

思想政治教育是指一定的阶级政党、社会群体遵循人们思想品德形成的发展规律,用一定的思想观念、政治观点、道德规范,对其成员施加有目的、有计划、有组织的影响,使他们形成符合一定社会、一定阶级所需要的思想品德的社会实践活动。思想政治教育是社会主义精神文明建设的首要内容,通过发挥思想的引领作用凝聚社会共识,并且内化于心、外化于行,它是解决各种社会矛盾和问题的主要途径之一。思想政治教育作为人类社会政治生活实践的一个重要方面,伴随着阶级的形成和国家的产生而出现,存在于人类社会发展的不同阶段,是人类社会实践的产物。

一、思想政治教育的概念

(一)学界相关概念的表述

关于思想政治教育的概念,学者们有不同的表述,举例如下。

① 1999年教育部社会科学研究与思想政治工作司主编《思想政治教育学原理》(高等教育出版社出版):"思想政治教育是指社会或社会群体用一定的思想观念、政治观点、道德规范,对其成员施加有目的、有计划、有组织的影响,使他们形成符合一定社会所要求的思想品德的社会实践活动。"

②2004年王勤著《思想政治教育学新论》（浙江大学出版社出版）："所谓思想政治教育，就是一定的阶级或政治集团，为实现一定的政治目的，有目的地对人们施加意识形态的影响，以期转变人们的思想，塑造人们的品德，进而指导人们行为的社会实践活动。"

③2006年张耀灿、郑永廷、吴潜涛等著《现代思想政治教育学》（人民出版社出版）："思想政治教育是指一定的阶级、政党、社会群体遵循人们思想品德形成发展规律，用一定的思想观念、政治观点、道德规范，对其成员施加有目的、有计划、有组织的影响，使他们形成符合一定社会、一定阶级所需要的思想品德的社会实践活动。"

④2006年苏振芳主编《思想政治教育学》（社会科学文献出版社出版）将思想政治教育定义为："一定的阶级或政治集团，为实现一定的政治目标，有目的地对人们施加意识形态的影响，以期达到转变人们的思想，指导人们行动的社会行为。"

⑤2001年张耀灿、陈万柏主编《思想政治教育学原理》（高等教育出版社出版）："思想政治教育是指社会或社会群体用一定的思想观念、政治观点、道德规范对其成员施加有目的、有计划、有组织的影响，使他们形成符合一定社会、一定阶级所需要的思想品德的社会实践活动。"

概念所反映的事物的本质属性的总和就是内涵，是某一逻辑术语所包含的性质。这种性质是用概念表达的，或包含在概念中，或对于所指事物的概念是主要的。因此，内涵不是表面的东西，而是内在的、隐藏在事物的内部，需要探索、挖掘才可以发现。

思想政治教育概念的内涵就是揭示思想政治教育的科学内涵和精神实质。古今中外一切思想政治教育中最具概括力的、最本质的、最具规律性的东西，体现的就是思想政治教育的普遍性。目前学术界关于思想政治教育内涵的研究主要有两个维度，即作为社会实践活动的思想政治教育（如大学生思想政治教育）和作为学科存在的思想政治教育（如马克思主义理论与思想政治教育）。前者主要帮助人们解决"做什么""怎样做"的问题，后者主要解决思想政治教育"是什么""为什么"的问题。

（二）关于上述概念表述的不同意见

以上关于思想政治教育的各种概念表述较为典型，也都抓住了思想政治教育的本质，但是在思想政治教育的内涵方面，有的学者存在不同意见。

①关于主体和客体关系的指向不够清晰。社会实践中，由于时机变化需要

的不同,在总体方向不变的情况下,思想政治教育的主体和客体会出现交叉变化的现象,这种变化对思想政治教育会造成什么样的影响,或者如何利用这种主客体的变化服务于思想政治教育,在以上的概念表述中似乎未能体现。另外,概念中常提到"社会或社会群体""人们"等词语,突出了思想政治教育实施主体的集体性的一面,似乎未包含或者是低估了个体的作用,如个体在思想政治教育实施主体中的地位与所起的作用对思想政治教育的影响力。

②概念表述着眼点单一,弱化了思想政治教育的内涵,只强调思想品德,把思想政治教育限定在德育的范围内,忽视了对人的行为的调控,导致行为的滞后,而无法将思想真正落实到实践中,以有效地发挥作用。如"一定社会所要求的思想品德""一定社会、一定阶级所需要的思想品德""转变人们的思想,塑造人们的品德"等表述只强调了思想品德,却忽视了对人的行为的引导和调控,而这一点在当今时代显得越来越重要,特别是在面对突发事件的时候。虽然人的行为受思想的影响,但是行为是对思想状况的有效落实,需要进行专门的训练与培养。

③概念强调的目的性单一,突出了思想政治教育中的集体性,而忽视了人的自然属性与个体需要。随着社会的发展和进步,个体作为自然人的心理和生理的需要日益表现出来。"一定的思想观念、政治观点、道德规范""一定的政治目的""根本政治目的和经济利益""政治目标和任务""一定的政治目标"等均将个体放在了集体的范畴内,强调人的社会属性,要求个体服从于集体的需要,却忽视了个体的自然属性。对思想政治教育来说,关注个体的自然属性对思想和行为的影响是很有必要的,不能单纯注重人的社会属性。

④概念强调的教育方向单一,忽视了主客体在教育中的相互作用,把思想政治教育单纯地理解为是自上而下、由外而内进行的,忽视了教学相长。自下而上、由内而外可以对思想政治教育发挥反作用。思想政治教育不只是主体针对外部对象客体进行的教育活动,同时思想政治教育客体的思想和行为也会变化发展,并对主体产生影响,从而自下而上地影响主体的思想和行为。因此,思想政治教育应该包括自上而下和自下而上相结合、由外而内和由内而外相结合两个方面。

(三)思想政治教育概念与内涵的解读

在总结相关学者关于思想政治教育概念表述的基础上,结合时代变化和时下特点,笔者认为,思想政治教育是指在一定的社会阶段,一定的阶级、政党、社会群体或个人基于自身的集团利益、政治倾向、政治和经济权利、心理和健康需要,以其思想和行为为媒介,运用一定的政治策略和教育方法所采取的自上而下与自下而上相结合、由外而内与由内而外相结合的社会实践活动。此表述使得思想政治教育的概念具有丰富的和时代特色的内涵。

①加强了思想政治教育主体和客体之间的联系，使思想政治教育的目的性呈现多样化的倾向。随着社会的发展，尤其是政治文明的发展和进步，思想政治教育主体和客体之间的联系越来越紧密，而且在特定情况下会发生转化。对于思想政治教育主客体关系的转化，是符合社会发展趋势的，也是思想政治教育概念内涵完善的过程中必须纳入的。随着主客体关系的加强，思想政治教育的目的也更趋多样化，关注到主体和客体自身的集团利益、政治倾向、政治和经济权利、心理和健康的需要，思想政治教育对社会实践活动导向的作用更加明显，也越来越得到社会各阶层的支持与响应。

②强调的着眼点多元化，即思想政治教育不再局限于思想品德，而是拓展到主体和客体的思想、行为和心理等范围。个体的行为往往是在心理机制的作用下产生的，思想品德的作用只是影响因素之一。行为的差异性受动作与技能的影响，也就是说，优秀的思想品德不能保证个体的行为趋同，也不能保证个体在任何时候都做出认同社会契约的行为。所以，心理方面的教育和引导成为思想政治教育内容的一个重要组成部分，对个体的动作与技能的培养也应引起社会各界的广泛关注。随着思想政治教育概念及其内涵的发展，思想政治教育工作将更加丰富多彩，同时也更任重道远。

③思想政治教育的方法、途径和内容呈现与时俱进的时代特色。随着科学技术的发展，尤其是多媒体技术的发展和网络的普及，思想政治教育的方法、途径和内容也与时俱进。在继承传统意义上的思想政治理论课的影响、良好的思想品德习惯的养成、有意识有目的有组织的说服教育、各类社会活动的基础上，思想政治教育工作者需要更新理念、改进方法，积极尝试运用新技术、新手段拓宽思想政治教育的途径与形式，并且综合利用各种场合和机会，开展思想政治教育工作。

④做到了两个结合，即自上而下与自下而上相结合、由外而内与由内而外相结合。传统意义上的思想政治教育把统治阶级和集团定位为主体，称为内部，而把被统治阶级及其个体定位为客体，称为外部，所以思想政治教育被理解为思想政治教育主体针对客体、内部针对外部对象进行的。在政治文明发展的今天，思想政治教育的主体和客体所指是广泛的，且有层次性，在特定情况下会相互转化，使得主体和客体的利益逐渐趋于一致，所以思想政治教育发展为自上而下与自下而上相结合、由外而内与由内而外相结合，还包括了针对思想政治教育主体自身的自我思想政治教育。

二、思想政治教育的社会地位

（一）思想政治教育是马克思主义基本原理教育的基本途径

马克思主义是马克思、恩格斯所创立的关于自然、社会和思维发展的普遍规律的学说，是关于资本主义发展和转变为社会主义以及社会主义和共产主义发展的普遍规律的学说。马克思主义是无产阶级争取自身解放和整个人类解放的科学理论，是关于无产阶级斗争的性质、目的和解放条件的学说，为实现无产阶级及其政党认识世界和改造世界提供了强大的思想武器。马克思主义以及中国化的马克思主义，为中国特色社会主义提供了理论指导。要充分发挥其指导作用，就必须对广大人民群众进行马克思主义基本原理教育，使人民群众深刻理解和完整把握马克思主义的科学世界观和方法论。而思想政治教育是马克思主义基本原理教育的主要渠道，是马克思主义基本原理实现其价值的必经途径。

马克思主义和中国化的马克思主义，只有被广大人民群众掌握，才能变为改造世界的物质力量，才具有现实意义。马克思指出："批判的武器当然不能代替武器的批判，物质力量只能用物质力量来摧毁；但是理论一经掌握群众，也会变成物质力量。理论只要说服人，就能掌握群众；而理论只要彻底，就能说服人。所谓彻底，就是抓住事物的根本。"毛泽东也明确指出："代表先进阶级的正确思想，一旦被群众掌握，就会变成改造社会、改造世界的物质力量。"马克思和毛泽东都强调理论本身在一定条件下会转化为物质力量。值得注意的是，他们都明确指出，理论转化为物质力量要通过一个中介——人，也就是说，要"掌握群众"才能转化为物质力量。而理论要"掌握群众"，除了理论本身要彻底即具有科学性外，毫无疑问要靠宣传教育。思想政治教育是将马克思主义基本原理变为物质力量的重要途径。系统的思想政治教育可以帮助人民群众深入理解和把握马克思主义基本原理，使其树立正确的世界观，掌握科学的方法论，提高认识世界和改造世界的能力，从而积极投入中国特色社会主义建设中，这样就能将马克思主义基本原理变为巨大的物质力量。实践表明，我国思想政治教育在这方面起到了不可取代的作用。在新民主主义革命时期和社会主义革命与建设时期，以及改革开放的新时期，正是因为坚持对广大人民群众进行马克思主义基本原理教育，使马克思主义成为广大人民群众改造社会的强大武器，才促使中国社会发生了翻天覆地的变化，促使中国社会取得了巨大的进步。21世纪，要继续推进中国特色社会主义事业建设，使马克思主义基本原理的价值得到充分体现，就必须进一步加强对广大人民群众的马克思主义基本原理教育。

(二)思想政治教育是社会主义精神文明建设的基础工程

思想政治教育是精神文明建设的一项基础性工作,是搞好两个文明建设的基本保证,这是对思想政治教育在社会主义精神文明建设过程中的地位和作用的科学说明。据此可以认为,思想政治教育是社会主义精神文明建设的基础工程。

第一,思想政治教育是社会主义精神文明建设的核心内容。社会主义精神文明建设包括思想道德建设和教育科学文化建设两个方面,两方面内容相互渗透、相互促进。思想道德建设是精神文明建设的核心内容,集中体现着精神文明建设的性质和方向。从这个意义上讲,没有思想道德建设,就没有社会主义精神文明。我国思想道德建设的首要任务是用马克思列宁主义、毛泽东思想和中国特色社会主义理论教育全体公民,不断提高公民的思想政治素质,思想道德建设的过程就是对人民群众进行思想政治教育的过程。

第二,思想政治教育是完成社会主义精神文明建设根本任务的基本途径。思想政治教育以培养人为己任,这一任务理所当然地成为思想政治教育的根本任务。坚持向广大人民群众进行思想政治教育,大力倡导社会主义核心价值体系,帮助人们树立以马克思主义为指导的正确的世界观、人生观、价值观和建设中国特色社会主义的共同理想,形成以爱国主义为核心的民族精神和以改革创新为核心的时代精神,确立社会主义荣辱观等,才能较好地培养"四有"新人。可见,只有大力加强思想政治教育,才能为完成精神文明建设的根本任务创造条件,才能顺利践行历史使命。

第三,思想政治教育是保证教育科学文化建设的社会主义性质和方向的根本措施。教育科学文化建设自身并不能决定自己的性质和方向,只有通过教育科学文化部门的党组织开展强有力的思想政治教育,才能保证党的路线、方针、政策的贯彻执行,从而实现党的思想政治领导,使教育科学文化建设保持社会主义性质和方向,以更好地为社会主义现代化服务。例如,教育部门要通过加强思想政治教育,保证党的教育方针的贯彻执行,保证教育工作沿着社会主义方向前进;科学研究部门要通过加强思想政治教育,使科学研究为现代化建设服务;文艺部门要通过加强思想政治教育,保持文艺为人民服务、为社会主义事业服务的方向;新闻出版部门要通过加强思想政治教育,出版更多更健康的精神产品——书籍,引导人们的思想积极向上,达到较高的精神境界。可见,加强思想政治教育是坚持教育科学文化建设的社会主义性质和方向的根本保证。事实上,由于教育科学文化建设的核心问题是培养适应社会主义现代化建设要求的"四有"新人,文化建设的方方面面最终都必须围绕着人来展开。教育有一个"培养什么人"的问题,科学和文学艺术有一个"为什么人服务"

的问题,新闻出版、广播电视网络等有一个"如何引导人"的问题。而培养"四有"新人是思想政治教育的根本任务,因此,我国教育科学文化建设内在地包含着思想政治教育,更离不开思想政治教育的作用。教育科学文化建设是我国思想政治教育的重要载体,靠思想政治教育保障其发展方向。

(三)思想政治教育是完成建设中国特色社会主义各项任务的中心环节

早在新民主主义革命时期,毛泽东就强调:"掌握思想教育,是团结全党进行伟大政治斗争的中心环节。如果这个任务不解决,党的一切政治任务是不能完成的。"进入社会主义建设时期,毛泽东又指出:"政治工作是一切经济工作的生命线。在社会经济制度发生根本变革的时期,尤其是这样。"进入社会主义现代化建设新时期,党中央进一步明确强调:"思想政治工作是经济工作和其他一切工作的生命线。"2000年6月,江泽民同志指出:"党的思想政治工作,是经济工作和其他一切工作的生命线,是团结全党全国各族人民实现党和国家各项任务的中心环节,是我们党和社会主义国家的重要政治优势。"可见,中国共产党一贯高度重视思想政治教育,不仅将其视为党和国家事业的重要组成部分,而且将其看作完成党和国家各项任务的中心环节。中心环节是对新时期思想政治教育战略地位的高度概括。21世纪,思想政治教育的这一地位更加突出。要将中国特色社会主义伟大事业推向前进,就必须坚持不懈、深入持久地对广大人民群众进行思想政治教育,为完成中国特色社会主义事业各项任务提供思想保证和精神动力。

中国特色社会主义事业包括政治、经济、文化、教育、科技等多方面内容,思想政治教育是其中一个不可或缺的重要部分,是推动中国特色社会主义建设的重要力量。从某种意义上讲,思想政治教育与中国特色社会主义事业的其他方面处于同等重要的地位,因为所有这些都是中国特色社会主义建设所需要的,都从特定方面推动着中国特色社会主义建设的发展。思想政治教育特殊的功能性地位表现为,它是通过直接作用于人的思想道德素质,通过提高人的积极性、主动性、创造性,使人们更好地参与社会各方面的活动而作用于中国特色社会主义事业建设的。这一功能性地位是思想政治教育所特有的,是中国特色社会主义事业的其他方面所不可取代的。正是在这个意义上,我们说思想政治教育是完成建设中国特色社会主义各项任务的中心环节,因为任何一项工作都需要人去做,要做好工作就需要提高人们的思想道德素质,提高人们认识世界和改造世界的能力,提高人们的工作积极性,否则各项工作不仅难以做好,而且有可能出现干扰中国特色社会主义建设的问题。思想政治教育必须与经济、技术业务工作紧密结合起来，在做经济、技术业务工作时，要加强思想政治教育，注意思想领先，充分发挥先进思想和革命精神在一定物质基础上的巨大能动作用。在开展思想政治教育时，要将思想政治教育渗透到经济、技术业务工作中，结合业务工作一道去做。思想政治教育不能脱离经济、技术等业务工作而孤立地进行，否则就易陷入"空头政治"的境地；经济、技术等业务工作更不能脱离思想政治教育，否则就会迷失方向。由此可见，只有做好思想政治教育工作，才能保证经济、技术工作沿着中国特色社会主义方向前进，才能真正调动广大干部、群众的积极性、主动性和创造性，从而圆满完成建设中国特色社会主义事业的各项任务。

三、高校思想政治教育的作用

高校思想政治教育的作用是高校思想政治教育本质和规律的集中表现。我们认识高校思想政治教育的作用，目的在于自觉地发挥其作用，也有利于更精准地把握其本质和规律，高校思想政治教育的作用主要体现在以下五方面。

（一）育人作用

《高等教育法》第三十一条："高等学校应当以培养人才为中心。"大学之本，在于育人。育人是高校思想政治教育最重要的功能，它是通过提高大学生思想政治素质来实现的，高校思想政治教育的育人作用主要体现在以下几方面。

1.培养大学生良好的政治素质

大学生的政治素质包括理想、信念、立场、方向、责任感、鉴别力、分析解决政治问题的能力等。政治素质是当代大学生综合素质的核心，是大学生个人信仰和价值取向的基础，也是大学生调节个人与社会之间的关系，保证其向正确方向发展的关键。在政治素质中，理想和信念是最基本的，对大学生的人生起着支配作用。要通过思想政治教育对大学生进行理想、信念引导，使他们树立科学的人生观，努力为实现中华民族伟大复兴的中国梦而奋斗。

2.培养大学生良好的思想素质

思想素质是大学生成为中国特色社会主义建设者和接班人的灵魂和基础。大学生思想素质主要包括世界观、人生观和价值观等方面的内容。通过思想政治教育工作，在大学生中贯彻"四个意识"教育方针，积极开展党员"两学一做"和团员"一学一做"学习教育活动，推动马克思主义基本原理中国化、大众化，培养大学生的集体意识、道德意识、爱国精神等，不断提高大学生的思想觉悟、道德水准、文明素养。

3. 培养大学生良好的道德素质

这里所讲的道德素质是指大学生根据我国社会的道德准则和规范,在处理个人与他人、与社会的关系时,所表现出来的稳定的个性品质,是大学生道德意识和道德行为的统一。良好的道德素质是大学生适应社会的基本要求,是大学生自我发展和自我完善的需要,是大学生成为社会主义事业建设的接班人的动力,是大学生成长为社会合格公民的基本条件之一,是大学生的立身之本。通过思想政治教育工作,可以深化道德素质教育,强化社会公德、职业道德、家庭美德、个人品德教育,不断提高大学生的道德水准。

4. 培养大学生良好的法纪素质

法纪,即法律和纪律的简称。大学生法纪素质是一个内涵丰富的综合性概念,涉及大学生的法纪信仰、意识、知识、情感、心态及行为等方面。高校学生群体总体法纪意识淡漠,因而在高校学生中开展法律基础教育和纪律条例学习显得尤为重要,通过法律纪律知识学习、案例观摩及模拟法庭开展等方式,不断强化其社会责任意识和规范意识,提高大学生的法纪素质,引导其做懂法守纪的好学生。

同时,高校思想政治教育还有助于培养大学生科学的思维方式。大学生在认识和把握自己、他人、社会和自然的过程中,在认识和把握客观世界和主观世界的过程中,始终发挥着思维方式的作用。因此,形成科学的思维方式,用科学的立场、观点和方法去认识与改造世界,显得十分重要。科学的思维方式主要是要求按马克思主义哲学思维方式、道德思维方式、法律思维方式去认识与改造世界。帮助大学生掌握科学的思维方式,可以最大限度地开发大学生的智能潜力,提升大学生的人格品质,使他们去实现应有的人生价值。

另外,高校思想政治教育的育人作用还体现在大学生审美素质和心理素质的养成,以及促进大学生智能的开发和学业的完成等方面,这里就不详细论述了。

(二) 导向作用

导向作用,是指运用启发、动员、教育、监督、批评等方式,把大学生的思想和行为引导到符合社会发展要求的正确方向上来。高校思想政治教育要达到教育引导大学生健康成长成才的预期目标,在以教师为主导,以学生为主体的基础上,结合高校学生群体实际,注重群体特点,相信群体力量,讲究教育引导方法,掌握教育规律,从而发挥好导向作用。高校思想政治教育的导向作用具有如下特点。

一是明确性。我国的高校思想政治教育旗帜鲜明地坚持以马克思列宁主义、毛泽东思想、邓小平理论、"三个代表"重要思想、科学发展观以及习近平新时代中国特色社会主义思想为指导,这是高校进行思想政治教育的理论依据,也是实践之所需。教育启发把青年大学生对共同理想和共同事业的理解、认同和践行统一起来,保证了大学生的健康成长和社会主义建设事业的顺利进行。

二是多样性。指导向内容、方式方法的多样性。高校思想政治教育的导向功能要得以充分发挥,就要研究大学生群体的特殊性以及不同院校及其专业、年级、个体的差异性,在导向内容、方式方法上要讲究多样性。高校思想政治教育的导向作用主要表现为目标导向、价值导向和行为导向。

(三)保证作用

保证,一是指担保,如保证完成某一任务;二是指起决定作用或作为担保的事物;三是指法律上的担保。高校思想政治教育的保证,是指前两种含义。

"思想政治工作是经济工作和其他一切工作的生命线。"这一论断是在认真总结思想政治工作经验教训的基础上提出来的,是对思想政治工作重要地位和保证功能的形象概括,对高校工作以及意识形态工作具有长远的指导意义。高校思想政治教育的保证作用主要表现在以下几个方面。

1. 是党的路线、方针、政策得以在大学生中贯彻落实的可靠保证

党的路线、方针、政策在大学生中的贯彻落实,主要是指党的路线、方针、政策要为大学生所知晓、理解、拥护、坚持。高校思想政治教育在这方面的保证作用是通过如下途径实现的。

一是通过思想政治理论课的教学教育。大学生思想政治理论课中的马克思主义基本原理概论、毛泽东思想与中国特色社会主义理论体系概论、中国近现代史纲要、思想道德修养、法律基础、形势与政策,都能为大学生了解、理解、拥护党的路线、方针、政策提供保证。

二是通过日常思想政治教育工作,如通过举办主题报告会、宣讲会,进行个别交谈,加强政治学习等形式来宣传党的路线、方针、政策。

三是通过各种信息传播媒介,如通过广播、电视台、网站及微媒体向大学生宣传党的路线、方针、政策。

2. 是促使大学生自觉遵守学校的规章制度的可靠保证

没有规矩不成方圆。为了保证大学生能够完成学业,保证高校有正常的教学秩序,保证大学生的成长成才,高校必须建立和完善各项规章制度。例如,课堂纪律、考试制度、科研制度、宿舍制度、学籍管理制度等。学校规章制度既是对大学生权利的保障,也是对大学生行为的一种约束。只有当正确认识到这种外在约束的价值意义之后，大学生才会自觉地去遵守这些制度。虽然因违反规章制度受到处罚是一种教育，但是要使大学生从内心认同和自觉遵守这些规章制度，还必须通过思想政治教育。这种教育一方面能使大学生认识到学校规章制度的意义，另一方面能对违反者起到疏导的作用。

3. 是促进大学生精神文明建设的可靠保证

精神文明建设，是我国高校的重要特征。高校思想政治教育是精神文明建设的重要组成部分。它既是我国高校精神文明建设中的一个重要目标，又是坚持社会主义办学方向，培养合格人才的一项政治保证。

高校思想政治教育能促进大学校园文化建设和大学生的思想道德建设。加强思想政治教育是大学生精神文明建设的核心内容和根本条件。思想政治教育不仅是大学生思想道德建设的基本途径，也是大学校园文化建设的强大动力和必要条件。大学校园文化建设自身是难以决定其性质、方向的，只有加强了包括大学生思想道德建设在内的高校精神文明建设，才能决定大学校园文化建设的性质和方向，进而推动整个精神文明建设的发展。

校风及和谐人际关系的建设是大学生精神文明建设的重要组成部分。持续加强高校思想政治教育是形成、保持和发展良好校风，建立和维护和谐人际关系的根本途径。

4. 是把大学生培育成"四有"新人的可靠保证

高校精神文明建设的根本任务是把大学生培育成有理想、有道德、有文化、有纪律的社会主义"四有"新人，使大学生具备社会主义建设事业所需要的思想政治素质和科学文化素质。完成这一根本任务，需要高校和社会各方都做好工作，高校面对独特的青年群体，肩负着思想政治教育的重要职责，通过思想政治教育能够帮助大学生提高辨别是非的能力。

我们应该清醒地认识到，错误、落后的思想对大学生的影响是客观存在的。在改革开放和复杂多变的社会条件下，一些西方的意识形态、价值观念和生活方式随之渗入大学生的生活，其凭借所谓的高科技以无限复制再现的形式影响着大学生群体。在这种情况下，高校思想政治教育的任何削弱，都意味着落后思想对大学生影响的增强，都可能导致大学生思想政治素质的退化。只有加强高校思想政治教育，才能帮助大学生提高辨别能力，为克服不正确的思想提供保证。

（四）凝聚作用

凝聚，本意指气体由稀变浓或变成液体。此处的凝聚，是指通过高校思想政治教育，把从表面上看是分散的、千差万别的大学生个体凝聚成一个有机的整体。凝聚的目的，是把大学生团结起来，从而实现高校思想政治教育的目的。

高校思想政治教育的凝聚过程，是凝聚力产生以及这种力持续运行的过程。这种力的产生和运行，是多种因素相互作用的结果。高校思想政治教育的凝聚力静态构成要素，主要有共同理想教育、马克思主义理论教育、爱国主义教育、中国共产党的正确领导、纪律教育五个方面。当我们把这些要素与高校思想政治教育实践有机结合时，这些静态构成要素就会转化为凝聚大学生的动态要素，起到聚结人心、汇聚力量的作用。

1. 靠共同理想教育凝聚

在现阶段，建设中国特色社会主义，实现中华民族的伟大复兴的中国梦，就是我国各族人民的共同理想。这一共同理想反映了我国社会发展的客观规律，符合我国亿万人民的意志和愿望。

大力加强共同理想教育，把共同理想融入和渗透到大学生的头脑中去，使其成为大学生的精神支柱，使大学生围绕共同的价值准绳与党和人民一道做"向心运动"，使他们在目标一致、利益一致的基础上，共同自觉地为建设中国特色社会主义和振兴中华而努力学习、修身和工作。

同时，每所高校都要注意从实际出发，按照共同理想的要求及时提出并大力宣传本校的具体目标，教育大学生自觉地把自己的日常学习、生活与高层次的价值目标联系起来，通过实践获得归属感和荣誉感，增强集体意识，从而对集体和社会产生强烈的使命感和责任感，增强凝聚力和战斗力。这样，共同理想就成了一种强有力的黏合剂，使大学生超脱低层次的狭隘眼界，获得精神动力，团结一致为建设中国特色社会主义、实现中华民族伟大复兴而努力奋斗。

2. 靠马克思主义理论教育凝聚

马克思主义，特别是中国化了的马克思主义，是中国特色社会主义的理论基础和行动指南。我国高校之所以能够运用马克思主义培育出社会主义的建设者和接班人，是因为马克思主义始终坚持解放思想、实事求是、与时俱进、求真务实，坚持辩证唯物主义和历史唯物主义，紧密结合新的时代条件和实践要求，以全新的视野深化对共产党执政规律、社会主义建设规律、人类社会发展规律的认识，进行艰辛理论探索，并取得了重大理论创新成果。历史和现实都证明，要把中国特色社会主义事业推向前进，就必须以马克思主义基本原理为指导教育。

用马克思主义基本原理武装大学生头脑，能够塑造大学生的思想品格，增强其历史使命感和社会责任感，凝聚其智慧与力量，从而为夺取新时代中国特色社会主义伟大胜利和实现中华民族伟大复兴的中国梦而积聚力量。

3. 靠爱国主义教育凝聚

爱国主义具有巨大的凝聚力和向心力。爱国主义教育也是思想政治教育的核心主题之一。因此,在高校学生群体中进行爱国主义教育意义重大。对大学生进行形式多样和内涵丰富的爱国主义教育,可以提高大学生的民族自尊心、自豪感、自信心,培养大学生的爱国热情,增强大学生的凝聚力。引导大学生自觉地把个人的利益、命运、学业与祖国的命运结合起来,把爱国主义体现在自己的具体学业中,落实到日常的行动上,做到有报国之志、有爱国之情、有效国之行。

4. 靠中国共产党的正确领导凝聚

中国共产党是中国特色社会主义事业建设的坚强领导核心,对大学生能够产生强大的吸引力。这种吸引力,是靠正确的路线、方针、政策贯彻执行,靠从严治党,靠党组织的战斗堡垒作用和党员的先锋模范作用的发挥,靠对国家政治、经济活动、文化建设等方面的正确组织领导,靠强有力的思想政治教育工作来实现的,实践证明这是可靠可行的。

5. 靠纪律教育凝聚

纪律是在一定社会条件下形成的一种集体成员必须遵守的规章、条例的总和,是要求人们在集体生活中遵守秩序、执行命令和履行职责的一种行为规则。大学生的纪律是大学生在学校的行为准则。一般来说,大学生纪律有三种基本作用。

一是外在的约束作用。高校纪律明确告诉大学生哪些行为是禁止的,哪些行为是倡导的,从而对大学生的行为产生外在的约束。

二是内在的约束作用。当大学生知晓了纪律的规定但并不认同时,这种纪律还只是一种外在的约束。通过教育启发,大学生懂得了遵守这些纪律的意义,这些纪律就会成为大学生自觉的内在约束。

三是明确的导向作用。这种导向首先是价值导向,通过纪律教育能使大学生认识到纪律的价值意义。其次是行为导向,通过纪律教育,明确告诉大学生哪些行为是必须为的,哪些行为是不能为的,必须为的行为会得到肯定的积极的评价,不能为的行为会得到否定的评价,甚至会受到纪律处分。

(五)调节作用

调节,本义是指在数量上或程度上加以调整、节制,使之合乎要求。这里所讲的调节是对本义的引申。

针对高校大学生群体结构和特点,思想政治教育重视调节作用的发挥,通过民主、说服、调解、斡旋、沟通、咨询、评价等多种方式,对大学生心理、情绪、人际关系和利益等方面进行调节,从而达到提高大学生思想觉悟、建立新型的人际关系的目的,以促进和谐校园建设。

大学生的思想状态总是在不断运动、发展变化的。这种变化有两种趋势:一是向正确的、积极的、进步的方向变化;二是向错误的、消极的、落后的方向变化。这就要求高校思想政治教育工作者必须及时了解大学生思想的变化并及时加以调节:推进第一种变化,抑制第二种变化,并尽可能使第二种变化降到最低程度。依据高校学生特点,思想政治教育调节的途径主要有以下两种。

1. 心理调适

大学生的任何一种活动都伴随有心理现象,其思想问题与心理因素紧密相关。例如,大学生中发生的自卑、抑郁、强迫、焦虑、悲观、敏感、多疑、幻想、浮躁、逆反等心理问题与大学生的某些思想问题紧密相关。因此,教育部曾多次发文,要求高校在对大学生进行思想政治教育时,要及时了解大学生心理活动的规律和特点,开展好心理健康教育工作。运用心理调适方法(如心理咨询法、消极情绪调节法、身体锻炼调节法、角色换位法等),有效地解决大学生的思想问题,帮助大学生克服心理障碍,增进心理健康。

2. 情绪调控

情绪是大学生心理的一个重要方面。情绪的力量以及人们尝试着对情绪进行的调节和控制,是日常生活中常见的现象,也是日常生活中不可或缺的一部分。

大学阶段是人生的第二个"心理断乳期",是一个非常关注自我、注重个性表达以及情绪体验丰富、情绪波动起伏较大的时期。大学生的情绪可分为基本情绪(如快乐、惊奇、愤怒、悲伤、恐惧、厌恶、羞涩、蔑视、内疚等)和复合情绪(多种基本情绪的混合体,如抑郁等),或者积极情绪和消极情绪。

由于大学生在学习、工作、生活中,经常会遇到这样或那样的矛盾、困难和挫折,如学习与勤工俭学的矛盾、学习与工作的矛盾、经济困难与家庭的矛盾、恋爱挫折、学习挫折、人际关系冲突等,都可能会使他们产生消极情绪。这种消极情绪如果得不到缓解、消除,就可能会给社会、他人和自己带来不良的甚至是严重的后果。

高校大学生家庭经济状况相对来说较好、个人中心主义突出、自尊心强、实践能力差、抗压心理脆弱等,有待于发挥思想政治教育的调节作用,主要是调控大学生的消极情绪。如可以通过化解矛盾、疏通思想、分析原因、转移注意力、重定目标、体育锻炼等方法来使情绪得到宣泄、稳定、转移和升华,从而使大学生的情绪得到调控。

第二节 高校思想政治教育的发展历程

一、中华人民共和国成立初期

支持建设和发展社会主义国家的原动力是高素质人才。1949年10月1日，中华人民共和国成立，社会主义制度在中国建立，自此我国迈向社会主义建设的道路。在新文化运动时期，各种各样使中华民族进步的思想为当时的青年学生在思想上打开了一扇门，大学生在这些运动中锻炼自己的意志、实现自己的人生价值，但是由于出生在半殖民地半封建社会时期，青年学生的内心深处或多或少留存着一些旧的思想。在抗日战争期间，大学生充满爱国热忱，怀揣着一颗赤子之心，团结广大人民群众，积极投身于民主革命事业，为民族解放做出了贡献。高校思想政治教育在中华人民共和国成立初期的首要目标是彻底地清除封建主义思想以及资本主义思想在大学生潜在意识里的残留，培养一批具有高度爱国主义思想的社会主义新青年。

中华人民共和国成立初期，社会主义建设在我国一切都是从零开始，国内政治局面刚刚稳定，百废待兴，社会主义建设急需高素质人才。高校莘莘学子不仅要学习专业知识，还要培养自己社会主义建设者和接班人的思想意识，因此，适时地产生了大学生思想政治教育。国家培养新一代大学生不仅为了使其具有过硬的专业知识，更是为了培养其能够投身于社会主义建设，担负起社会主义建设的重任，时刻准备为社会主义建设贡献力量。为了防止资本主义势力入侵，国家需要尽快强大起来，只有不断强大，不再受封建社会思想的束缚，人们才能视科学文化素养是社会主义建设发展的基础，这期间必不可少的是提高大学生的知识文化水平，同时加强大学生的思想政治教育。高校大学生作为我们国家未来建设的中流砥柱，在对他们进行专业知识教育的同时，尤其要注重对他们进行爱国主义思想的培育。大学生是国家和整个民族的希望，作为青年群体的主力军，他们的智慧空间是无限的，他们在大学校园系统地接受专业知识和思想政治教育，传播先进思想和文化，进而影响全国的青年人，激发全国青年的学习热情和爱国热情。

大学生群体是大学生思想政治教育的主体，他们是未来具有凝聚力的精英人群和青年代表群体。在我国社会主义的建设过程中，大学生能够起到模范先锋的作用，带领广大青年为建设新的社会而努力奋斗，在广大青年群体中，大学生具有榜样式的作用。通过高校的思想政治教育，大学生群体能够将社会主义建设的责任意识扩展到整个青年群体，这有助于整个社会青年群体思想意识的提高，以点带面地接力传递社会主义建设的思想。如何培养青年群体的社会主义思想，使之能够与国家发展相一致，是社会主义建设过程中的主要任务，大学生思想政治教育在社会主义思想建设中占有重要地位，大学生思想政治意识的培养，能够带动广大青年群体思想觉悟的提高，使他们感受到作为我国建设的一分子的喜悦，为社会主义建设事业的不断发展感到骄傲和自豪。

中华人民共和国成立初期，以学习马克思列宁主义思想为主，大学生思想政治教育的主要内容是爱国主义教育以及对时事政治的客观分析和讨论教育。

指导中国革命走向胜利的重要的理论基础是马克思主义，中国取得了革命的胜利，建立了中华人民共和国，使社会主义社会的理论在中国实践中得到进一步发展和阐释。这一系列事实证明社会主义制度更适合中国的发展，马克思主义是社会主义的指导思想，是指导中国社会主义建设的灵魂思想。大学生作为社会主义建设不可或缺的一部分，必须更好地了解马克思主义发展的历史过程及马克思主义的思想观点。而这些可以通过高校对大学生开展思想政治教育，全面解读马克思主义经典著作，广泛探讨马克思主义基本思想，深入学习共产主义基本特征等得以实现。通过思想政治教育，可以帮助大学生在日常学习和生活中积极主动地去了解和认识共产主义，增强共产主义的理想信念，培养他们社会主义主人翁意识，以共产主义理想信念指导自己的实践行为，以社会主义建设者的心态和社会主义建设者的自觉性，将自己的学习生活与社会主义建设完整地结合在一起。

这一时期，用无产阶级的思想来思考和解决遇到的问题，是高校大学生将马克思主义运用到社会实践活动中的体现。世界上第一个建立社会主义的国家是苏联，我国当时学习的对象也是苏联。所以，列宁主义思想是这一时期大学生在高校的学习内容。我国社会主义建设和发展的很多实践经验都是通过列宁主义思想得到的。马克思主义与苏联具体国情相结合的理论产物就是列宁主义思想，所以，大学生有必要认真学习和分析借鉴列宁主义思想在社会主义建设实践中出现的一些问题和解决问题的办法，通过积极地学习和认真剖析列宁主义思想，将学到的知识运用到中国社会主义建设的过程中，使列宁主义思想更加适合中国国情和中国的社会历史背景，以更快更好地发展中国的社会主义建设道路。

中华人民共和国成立初始，爱国主义的凝聚力将全国人民团结在了一起。爱国主义既是民族精神的灵魂，又是民族精神的纽带。高校大学生也怀着对祖国的满腔热爱之情，以饱满的爱国热情积极投身于科教文化事业，努力学习科学文化知识，为能够更好地为社会主义建设发展做出最大的贡献。这一时期，形式多样的爱国主义主题教育活动和文化交流活动在大学生中广泛开展，高校纷纷在专业课程、文化课程和思想政治教育课程中讲授爱国主义相关内容，将分析社会历史大事、探讨社会时政热点与爱国主义教育密切结合，使大学生真正了解和认识党的正确路线，在党的领导下积极为新中国建设和社会主义事业做出自己的贡献。

中华人民共和国成立初期，高校树立一些先进模范来教育和引导青年，注重榜样的强大力量，这样有利于新一代青年的健康成长。向榜样学习，能够激发大学生的爱国热情，使大学生更加勤奋努力学习，学到真正的专业知识，并把学到的专业知识运用到社会主义建设中去，这样更多的国家栋梁从大学生中产生。

二、改革开放初期

改革开放初期，国家适当地引导大学生进行思想政治教育，使他们能够在不断研究马克思主义思想中学会使用集体的智慧，并且通过不断地学习马克思主义来树立无产阶级世界观。社会的建设模式不断更新，新的科学技术不断出现，认真掌握科学文化知识是这一时期青年大学生的首要任务，这就要求国家准确把握教育文化的前进方向，及时提出适合我国社会发展的新的人才目标，只有这样，我国的社会主义现代化建设才能获得可靠的人才支撑，我国的社会主义建设事业才能不断前进。随着社会的发展，大学生思想政治教育逐渐系统化。我国通过思想政治教育培养无产阶级知识分子，尤其是通过高校思想政治教育，让广大学生充分学习和理解马克思主义基本原理，坚持用马克思主义立场、观点、方法来认识世界和解决问题，帮助大学生树立正确的世界观、人生观和价值观，从而真正发挥思想政治教育的重要作用。

大学生自身发展要时刻与社会发展保持一致，大学生思想政治教育要能够随着时代的变化与时俱进，能够对大学生进行科学的指导，不断提高大学生的综合素质，使国家社会的发展与大学生群体的智慧相得益彰。大学生在专业学习及日常生活中出现的思想困惑，可以通过思想政治教育学习找到解决问题的方法，使自己在学习、生活中能够保持更好的状态。大学生可以通过思想政治教育，获得一些经验和教训，客观理性地分析自己可能出现的不正确的做法，努力提高自身能力。大学生思想政治教育与大学生实际生活、学习紧密联系，它使大学生的思想发展动态能够被真正了解，进而能及时制止一些不良情绪在大学生群体中的蔓延，并给予大学生相应的帮助。

这一时期，国家重视大学生思想政治教育，并将其列入学科建设中，从学科建设的角度来分析，该时期我国尚未形成大学生思想政治教育学科的理论体系，仍然处于移植其他学科原理与工作总结经验的层次上。全国各大高等院校从1982年开始，根据新时期大学生群体的主要特点，开设了思想品德教育课程，对大学生的培养教导是系统地、有针对性地、具体地进行着，使每个大学生的思想中能够注入共产主义思想，使共产主义理想坚定地树立在大学生内心深处。随着思想品德教育课程在高校的开设，高校又具体规定了大学生的思想教育课程以及高校教师职工的教学任务、教育方式、教学内容，以综合反馈教育教学信息。

改革开放后，随着我国与其他国家学习交流、文化沟通的加强，尤其是经济合作的深化，国外的资产阶级思潮大量涌入，对我国青年群体产生了巨大冲击。如何让青年大学生群体不受其他众多思想观念的影响，坚定不移地信仰共产主义理想，便成为这一时期高校思想政治教育肩负的使命。坚持四项基本原则、坚持改革开放是高校思想政治教育的主旨，同时要牢牢捍卫自己的文化思想领域底线，通过改革开放不断促进中西方文化的互相交流、互相发展。高校思想政治教育在文化交流的同时应注重共产主义思想道德的学习，避免受西方资本主义思想的影响。

通过思想政治教育，大学生的法律意识不断增强，在改革开放的大潮下抵制住资本主义思想的侵袭。因此，高校在对大学生的思想政治教育的教学内容中增加了关于法制的教育教学课程，对大学生普及法律知识，让青年学生学习和了解更多的法律知识，提高法律意识。改革开放后，随着经济的飞速发展，我国广大人民群众的行为和思想开始变得多元化。如何在社会主义社会中规范和约束人们的行为？这需要规范的学习方法，如加强人民群众法律知识的学习，营造一个法制氛围，使人人守法、人人知法。大学生的法律意识通过他们学习高校思想政治教育课程中新增设的关于法律方面的知识而得到提高，这使得大学生在依法守法的同时，能够使用法律武器来维护自身的合法利益。法律赋予每一个公民的具体权利与应该履行的义务是青年大学生应该学习和了解的。高校开展法制教育能够有效地降低大学生犯错的可能性，为大学生成长成才提供良好的环境，减少大学生各种错误思想的滋生。

改革开放初期，高校思想政治教育中对大学生进行了马克思列宁主义思想的教育教学，同时增加了国际关系方面的教育。社会主义国家的建设不是封闭式的，而是要结合大学生的爱国主义与国际主义，培育具有国际化视野的青年大学生，从而使中国社会主义发展的方向在全球的不断发展中准确定位，使中国能够在国际环境中坚定社会主义建设。大学生进行思想政治教育学习要及时掌握国内国情，了解社会主义建设的进度和相关的形势与政策，还应增加对中华民族传统美德和近代史的学习。对于中国近代史，广大青年学子必须铭记于心，在这段历史中，无数的爱国人士找到了一条救国救民的道路。社会主义国家建设的艰辛历程是青年学生所必须了解的，大学生要通过这段艰辛的历史鞭策自己，为我国的社会主义建设而发奋图强。中华民族传统美德是每个中国人心中的骄傲，是每一个青年学子骨子里刻着的文化思维方式。高校思想政治教育要求对大学生进行传统美德的学习，严格规定高校思想政治教育的课时长度，各大高等院校大学生努力学习专业知识的同时，均必须认真学习思想政治教育课程。

我国要求用一种贴近大学生思维习惯的方式进行思想政治教育，将具体的社会实践活动加入高校思想政治教育中，丰富高校思想政治教育形式，使思想政治教育课程的内容更容易被大学生理解。这种教育教学模式更适用于大学生群体的思想政治教育，逐渐培育大学生自觉地去理解思想政治教育的要求，让大学生思想政治教育的被动教学方式逐渐转化为更加灵活主动的教学方式，从而达到通过思想政治教育来提高大学生对思想政治教育学习的积极性和主动性的目的。

三、改革开放时期

20世纪90年代以后，国内和国际环境都发生了很大变化，我国的政治、经济、文化等方面都获得了巨大的成就，人们的生活方式随着信息化时代的到来逐渐改变，一些新的特点出现在国内各大高校的学生群体中。大学生应该做一个什么样的人，成为高校思想政治教育更加注重的一方面，培育大学生成为社会主义事业合格的建设者和接班人是改革开放时期高校思想政治教育的重要目标。

在大学生全面发展时期，国家的繁荣富强与大学生品德教育密切相关，大学生不能仅注重知识技能的学习，还需要加强对品德教育的理解和学习。思想政治教育关系着大学生的基本行为准则。全面发展德智体美劳，要求大学生学会自己协调生活和学习中的各种要素，这样他们各个方面的综合实力不会由于顾此失彼而相互影响。思想政治教育的开展有助于大学生认识人生、了解世界，大学生只有通过学习马克思主义唯物辩证法，才能树立正确的价值判断思维，从而实现自身价值，使自身变得更加优秀，做到德才兼备，用所学到的专业知识报效祖国，为我国的社会主义发展、建设做出贡献。大学生要全面发展德智体美劳，要不断提升自己的社会实践能力，积极努力找到适合自己学习科学文化知识的方式。

随着我国改革开放的进一步深化和社会主义事业的不断发展，高校思想政治教育的内容也不断完善，主要包括道德教育、思想教育、法纪教育、心理教育和政治教育五个方面。高等院校根据这五个方面改革大学生思想政治教育教学形式，在以教学为主的同时，培养大学生逐步提高政治自觉性，引导大学生关注国内政治热点，帮助大学生形成有益于自身发展、国家发展的人生观、价值观、世界观，提升大学生的道德情操，规范大学生的日常行为。通过普及法律知识逐渐提高大学生的法律意识，使大学生在未来社会群体中的生活质量得到提高。通过开展心理健康教育，锻炼大学生的意志，提高大学生的抗压能力，及时有效地排解消除负面情绪，帮助大学生增强心理素质。通过政治方面的教育使大学生了解人民群众有哪些基本的要求，了解党在社会主义初级阶段基本路线的主要内容，从而使大学生更加坚定社会主义理想信念，自觉拥护中国共产党的领导，积极投身于中国特色社会主义事业建设。

高校思想政治教育只要统筹协调好各方面的工作，就可以全面地培育更多的国家栋梁，使更多的大学生成为高水平、高素质的构建社会主义和谐社会的建设者和接班人。当然，从大学生自身来说，如何更好地融入社会这个大的集体中去，就必须清楚社会是什么样子的、明确新一代青年人又需要怎样做。大学生要想实现自我价值和人生理想，要将理论技术知识与社会生活联系起来，思想政治教育的学习是必须进行的。

四、深化改革时期

这一时期起步于党的十三届四中全会，直到党的十七大，在这一时期，我国高校思想政治教育积极应对新课题，并不断加强和改进，我们党确立了高等学校党委领导下的校长负责制，强调把德育放在学校工作的首位，制定了《中国普通高等学校德育大纲》，深入进行爱国主义、集体主义、社会主义教育及中华民族传统美德教育；积极推动马克思主义中国化最新成果"进课堂、进教材、进学生头脑"，通过教学改革逐步形成结构合理、功能互补的马克思主义基本原理和思想品德课程体系。同时，在党中央的高度重视下，对高等学校以邓小平理论"进教材、进课堂、进学生头脑"为主要任务，进行教学改革和课程建设做出新的部署，在高等学校普遍开设"邓小平理论概论"课程具有十分重要而深远的意义，对于指导学生学习掌握马克思主义的立场、观点、方法，确立科学的世界观以及正确的人生观、价值观，树立社会主义的理想和信念，提高品德修养等，都取得了积极的效果。

2005年初，我国高校思想政治教育课程进行了更深入的改革。新的改革方案规定，本科段思想政治理论课程将设置"马克思主义基本原理""毛泽东思想、邓小平理论和'三个代表'重要思想概论""中国近现代史纲要""思想道德修养与法律基础"四门必修课，另外开设"当代世界经济与政治"等选修课。专科段将设置"毛泽东思想、邓小平理论和'三个代表'重要思想概论"和"思想道德修养与法律基础"两门必修课。此外，本专科学生都要开设形势与政策课。通过改革，高校思想政治教育取得了一系列显著成就，概括起来主要有四方面。第一，教学内容更加贴近实际，并不断与时俱进。教学内容更加贴近时代、贴近国情、贴近学生，在课程设置和教学内容上能及时反映党和人民对改革开放与中国特色社会主义实践的理论总结。第二，教学方法和教学手段更加多样化。在运用传统教学方法和手段的同时，开始实施精品课程和重点课程建设等多样化方法和手段，极大提高了思想政治理论课的教学质量和效果。第三，形成了比较稳定和较高素质的教师队伍。第四，课程体系建设更趋科学。党的十七大以来，我国高校思想政治教育进入全面加强创新发展时期。在这一时期，高等学校党的建设面临着许多新情况。改革开放和社会主义市场经济的发展，社会生活和思想观念的深刻变化，以及国际局势的变幻，对高校党的建设必然产生种种影响，我们党敏锐地把握新世纪新阶段高校思想政治教育所面临的新课题、新要求，全面推进高校思想政治教育的创新发展。

五、党的十八大至今

在党的领导下，高校思想政治教育全面贯彻落实党的教育方针，取得了巨大成就，不仅在培养高素质人才、推动高等教育改革发展、维护学校和社会稳定等方面发挥了重要作用，在自身建设上也取得了长足的进步，高校思想政治教育的地位得到进一步巩固和加强。

第一，进一步确立了高校思想政治教育的首要地位。2016年12月，习近平总书记在全国高校思想政治工作会议上强调："高校思想政治工作关系高校培养什么样的人、如何培养人以及为谁培养人这个根本问题。要坚持把立德树人作为中心环节，把思想政治工作贯穿教育教学全过程，实现全程育人、全方位育人，努力开创我国高等教育事业发展新局面。"2018年9月10日，习近平总书记在全国教育大会上再次强调："培养什么人，是教育的首要问题。我国是中国共产党领导的社会主义国家，这就决定了我们的教育必须把培养社会主义建设者和接班人作为根本任务，培养一代又一代拥护中国共产党领导和我国社会主义制度、立志为中国特色社会主义奋斗终身的有用人才。这是教育工作的根本任务，也是教育现代化的方向目标。"至此，我们党对高校思想政治教育的地位和作用已经有了一个持续稳定的科学认识。

第二，高校思想政治教育内容不断充实，覆盖面不断扩大，新载体、新途径不断拓展，实效性不断增强。以习近平新时代中国特色社会主义思想"进课堂、进教材、进学生头脑"为主要内容，高校思想政治理论课改革和建设不断推进，思想政治理论课作为思想政治教育的主渠道作用得到发挥。高校还相继开设了一系列颇具特色的人文素质课程、科学技术课程。与此同时，校园文化、大学生社会实践、心理咨询与辅导、网络教育、大学生素质拓展、职业生涯规划等一批新的思想政治教育形式应运而生，它们在高校思想政治教育中发挥着越来越重要的作用。如今，各具特色的校园文化已经成为校园一道亮丽的风景。社会实践已经成为大学生的一门必修课，内容和形式不断更新。思想政治教育进网络取得了重大进展，我国创办了以"中国大学生在线"为代表的一大批思想政治教育网站，加强了对校园网的建设和管理，开展了丰富生动的网上思想政治教育活动。心理健康教育被纳入学校德育工作体系，高校普遍建立了心理健康教育、心理辅导或咨询的专门机构，开展了相应的教育教学科研和实践活动。加大了对经济困难大学生的资助工作，初步形成了以国家助学贷款为主体，包括奖学金、勤工助学基金、特殊困难补助和学费减免在内的助学体系。高校思想政治教育实践在向横纵方面、宏观微观领域不断拓展的过程中，构建起多渠道、多层次、全方位实施思想政治教育的综合育人体系。

第三，高校思想政治教育工作队伍建设得到加强，建立了一支高素质的高校思想政治教育队伍。在加强学校党政干部和共青团干部、辅导员和班主任队伍建设的基础上，开始把思想政治理论课和哲学社会科学课教师纳入高校思想政治教育队伍的主体之中。通过组织参加社会实践、挂职锻炼、学习考察等活动，不断提高他们的工作能力和水平。与此同时，调动一切积极因素共同做好大学生的思想政治教育工作。一些高校从教师和品学兼优的党员研究生、高年级大学生中选拔配备班主任、辅导员等。一些有条件的高校采取了"工作保研"的形式加强辅导员队伍建设。目前，已初步建成一支以专为主、专兼结合、优势互补、结构合理、素质较高、动态平衡的较为稳定的高校思想政治教育工作者队伍。

第四，完善了高校思想政治教育领导和工作体制，初步形成了全员育人的格局。党的十八大以来，党委领导下的校长负责制进一步发展完善，并逐步建立健全了高校思想政治教育工作领导体制和管理体制。在此基础上，逐步建立了在党委的统一部署下，以校长及行政系统为主实施的德育管理体制。经过数年来的探索和实践，为落实以人为本和"教书育人""管理育人""服务育人"的新要求，高校思想政治教育管理体制正在朝着党委统一领导、党政齐抓共管、专兼职队伍相结合、全校紧密配合、学生自我教育的领导体制和工作机制迈进。

第五，推进了高校思想政治教育的科学化和规范化建设。高校思想政治教育在科学理论武装、应用理论研究、基础理论研究和现代化手段运用等方面取得了大批科研成果。以教育部为例，连续数十年在北京、天津、上海、湖北、广东、陕西、江苏、江西八省市74所高校进行学生思想政治状况调查，为党和政府制定大学生的思想政治教育政策提供了决策依据。另外，一些思想政治教育刊物，加大了对高校思想政治教育研究和支持的力度，推动了高校思想政治教育科学化的发展。与此同时，高校思想政治教育规范化建设在实践中扎实推进，在涉及高校思想政治教育的指导思想、基本原则、总体规划、主要内容和队伍建设等方面都有明确的规定。

第三节　高校思想政治教育的内容

高校思想政治教育的内容指的是用什么样的政治思想、世界观和道德规范去教育培养年轻一代的问题，它是一定社会思想政治教育目标的体现和具体化。只有以与思想政治教育目标相适应的思想政治教育内容进行教育，思想政治教育目标才能落到实处并得以实现。高校思想政治教育内容应当是中学内容的深化和延伸，当前高校思想政治教育的内容涵盖五个方面：思想教育、政治教育、道德教育、法纪教育、心理教育。

这几个方面各自作用、层次不同，其内涵特别是在实际操作中是不能完全分离的，它们相互影响、相互渗透。思想教育在整个思想政治教育内容中起着导向的作用，为其他内容提供世界观、方法论的基础，对政治教育、道德教育、法纪教育以及心理教育实施起着直接的指导和促进作用。政治教育是思想政治教育内容体系中的根本性内容，它决定着思想政治教育内容的性质和方向，制约和影响着其他方面的内容。道德教育要受思想教育、政治教育的制约和影响，但它作为思想政治教育中最基础的部分，实质上是思想政治教育内容的核心，在思想政治教育中起着奠基的作用，对于提升政治教育、思想教育、法纪教育的效果具有十分重要的作用。法纪教育是高校思想政治教育内容的重要组成部分，它通过把法律、纪律等外部的硬性规范内化为教育对象的内在素质，从而为思想政治教育内容的实施、目标的实现提供保障。心理教育是高校思想政治教育的基础性内容，它通过对教育对象良好心理素质的培养，为其他方面的教育提供赖以实施的基础和平台。

一、思想教育

我国大学生的思想教育包括：世界观、人生观和价值观教育；集体主义与团队精神教育；学风校风教育；社会主义核心价值观教育；生态文明教育；等等。其中，世界观是对世界的基本看法和观点。我国大学生世界观教育是指无产阶级世界观教育，其根本内容如下：教育学生懂得辩证唯物主义的基本原理，培养他们从实际出发、尊重客观规律、实事求是的精神，懂得实践是认识的源泉，实践是检验真理的唯一标准；培养他们研究新情况，探索新问题，坚持真理，修正错误的观念；教育学生树立唯物辩证法的基本观点，学会全面地、发展地看问题，学会对具体问题进行具体分析，善于分析矛盾和解决矛盾，摒弃片面地、孤立地、静止地看问题的思想方法；教育学生树立历史唯物主义的观点，使其认识社会发展的必然规律；教育学生懂得资本主义社会必然为社会主义社会所代替，社会主义社会必然发展为共产主义社会，使他们认识到人民群众是历史的创造者，使他们树立群众观点和为人民服务的思想。

人生观是世界观的一个重要组成部分，受到世界观的制约，人生观主要通过人生目的、人生态度和人生价值三个方面体现出来。我国大学生人生观教育是指共产主义人生观教育。它是无产阶级的科学的人生观，它把人的生命活动历程看作认识和改造客观世界的过程，把消灭资本主义、实现共产主义、为绝大多数人谋利益看作人生的崇高目的和最大幸福，其特点是集体主义，一切为了无产阶级和人民群众的集体利益，把大公无私、舍己为人、全心全意为人民服务视为人生的根本意义和价值，把实现社会主义和共产主义理想视为人生的最高目标。

价值观是指个人对客观事物（包括人、物、事）及对自己的行为结果的意义、作用、效果和重要性的总体评价，是对什么是好的、应该的的总看法，是推动并指引一个人采取决定和行动的原则、标准。它使人的行为带有稳定的倾向性。价值观是人用于区别好坏、分辨是非及其重要性的心理倾向体系。我国大学生价值观教育是指社会主义核心价值观教育。它与社会主义制度相适应，以为人民服务为核心，以集体主义为原则，大力倡导集体主义和对国家对人民的奉献精神。人生的价值和意义在于对社会所尽的责任与所做的贡献，人生的最大价值和意义，在于努力为人民服务，无私地把自己的一切力量贡献给共产主义事业。注重对当代大学生进行集体主义与团队精神教育、学风校风教育。当代大学生应重点学习和践行"富强、民主、文明、和谐，自由、平等、公正、法治，爱国、敬业、诚信、友善"的社会主义核心价值观，树立尊重自然、顺应自然、保护自然的生态文明理念。

二、政治教育

政治教育内容包括马克思主义基本理论教育、中国特色社会主义理论体系教育、爱国主义教育、党团基本知识教育、形势与政策教育。马克思主义基本理论教育是大学生政治教育最关键、最核心的内容。它紧密结合时代发展，帮助大学生学习和掌握马克思主义的基本立场、观点和方法，学习和掌握马克思主义中国化的理论成果即毛泽东思想和中国特色社会主义理论体系。加强爱国主义教育，认同自己的国家与民族，这是每个大学生应具备的最基本的公民意识和品质，了解中国基本国情，树立和弘扬以爱国主义为核心的团结统一、爱好和平、勤劳勇敢、自强不息的伟大民族精神。培养共产主义事业新一代的接班人，应加强党的基本知识、共青团基本知识的教育，切实地对大学生进行形势与政策的教育，使他们了解社会主义建设的伟大成就和困难，以便认清形势，明确奋斗目标，增强前进的信心。

三、道德教育

道德教育是关键性教育，不仅涉及个人与他人的关系，而且涉及个人与社会、个人与国家、个人与自然环境的关系。培养道德素质，加强对大学生的思想政治教育，是社会主义精神文明建设的基础工程，直接关系国家的未来。自改革开放以来，社会生活各领域都发生了深刻的变化，利益关系、文化思想、价值观念呈现多元化，这些对大学生的道德品质形成了较大影响。面对新时代的挑战，高校既要加强主旋律教育，又要更新内容，力求收到实效。我国大学生道德教育的主要内容有以下两方面。

（一）加强原则和道德规范教育

深入扎实地开展以为人民服务为核心、以集体主义为原则、以诚实守信为重点的社会主义道德建设，引导大学生遵守道德规范，提高他们的道德素质，使新一代大学生能够在社会生活中自觉用社会主义的道德规范来指导和约束自己的行为。

（二）进行劳动与职业规范教育

使社会主义思想道德体系与社会主义市场经济相适应，与社会主义法律规范相协调，与中华民族传统美德相承接。大学生毕业后从事一定的社会职业，他们能否胜任岗位工作，既要看专业知识和技能，又要看对待工作的态度和责任心。有些大学生缺乏工作责任感，不安心本职工作，不愿做具体的工作，缺乏吃苦耐劳的精神。因此，我们应加强对大学生的劳动观念培养和就业指导，培养他们树立正确的劳动观念、敬业精神。社会主义市场经济要求大学生具有科学、民主、团结、自立、竞争、法治、求实等思想道德观念，要求他们在兼顾个人利益的情况下以国家利益和集体利益为重。培养大学生权利与义务相统一的公民意识，引导他们正确处理好竞争与协作、自主与监督、效益与公平、经济效益与社会效益的关系。另外，加强社会公德、职业道德、家庭美德、环境道德教育，倡导"爱国守法、明礼诚信、团结友善、勤俭自强、敬业奉献"的基本道德规范，引导大学生在遵守基本行为准则的基础上，追求更高的思想道德目标。

四、法纪教育

大学生是 21 世纪社会主义事业的建设者和接班人，他们的法纪观念和公民意识如何，直接关系到我国社会的发展和中华民族的崛起。人的观念、意识的形成、发展与巩固要靠教育的内化。我们要培养和教育大学生增强自身的法纪观念和公民意识，使之知法、守法、护法，着重加强这几方面的教育：马克思主义法律观；法治思维、法治信仰；法律基础知识及守法、用法、护法；社会主义民主与集中，纪律与规章制度。

五、心理教育

大学创造了一个竞争激烈的环境，而对于年龄在十七八岁到二十二三岁的大学生来说，其心理发展正处在从幼稚走向成熟的过渡时期，情绪不稳定，易产生心理矛盾，面临着许多压力和心理冲突，及时正确化解这些压力和心理冲突是大学生健康成长的关键，也关系到高校能否培养出高素质的社会主义事业的建设者和接班人。心理健康教育应包括以下几个方面：身心健康的基本知识；预防心理疾病教育，如心理卫生知识教育、心理疾病的预防教育等；心理调适能力培养与训练，如开展挫折教育等；创新精神和竞争观念的培养。在心理健康教育中，对大学生要着重进行创新精神和竞争观念的培养。

第二章 高校思想政治教育的基础理论

思想政治教育学是一门指导人们形成正确思想行为的科学，它以人的思想行为形成变化的规律，以及实施思想政治教育的规律作为研究对象。为加强思想政治教育学科建设，深入研究高校思想政治教育基本理论，对提高思想政治教育教学和科研水平有重大意义。

第一节 高校思想政治教育的内涵

一、高校思想政治教育的基本内涵

高校思想政治教育的内涵反映了高校思想政治教育这一教育实践活动的本质属性。本质属性具有相对稳定性，但也随着高校思想政治教育的社会环境、任务、目标的变化而不断发展。稳定性体现为高校思想政治教育内涵的继承性，不断发展体现为高校思想政治教育内涵的创新性。

在《现代汉语词典》中，内涵是指"一个概念所反映的事物的本质属性的总和，也就是概念的内容"。按照内涵的这一定义，高校思想政治教育的内涵就应当是"高校思想政治教育"这一概念所反映的事物的本质属性的总和，即"高校思想政治教育"这一概念的内容。在实践中，高校思想政治教育是高校思想政治教育工作者利用一定的思想观念、政治观点、道德规范，对大学生施加有目的、有计划、有组织的影响，使他们形成符合中国特色社会主义所需要的思想品德的教育实践活动。因此，高校思想政治教育的基本内涵指的是最能反映这一教育实践活动本质属性的主要内容。

在哲学中，所谓事物的本质属性，是指事物固有的，决定事物性质、面貌和发展的根本属性。由此出发，高校思想政治教育的本质属性也应当是高校思想政治教育固有的，决定其性质、面貌和发展的根本属性。因此，这种本质属性应包括两方面内容：第一，本质属性应贯穿高校思想政治教育活动的始终，是高校思想政治教育活动中最普遍、最一般的固有属性且规定和影响其他派生属性(非本质属性);第二,本质属性应该是高校思想政治教育变化发展的根据。根据这两方面内容,笔者认为高校思想政治教育的本质属性应为政治性与科学性的有机统一。政治性是高校思想政治教育的阶级属性。如果没有表示阶级意志的政治性,就不能维护领导者的有效领导,那么高校思想政治教育就不可能存在,更不可能发展,因此政治性是贯穿高校思想政治教育始终的一个特有属性。科学性是高校思想政治教育的客观实践属性。如果不反映客观事物的本质和历史发展趋势,就不能最终促进社会生产力的发展,不能代表最广大人民群众的根本利益,高校思想政治教育就不能得到发展,当然也不能长久地存在,因此科学性是高校思想政治教育本身得以发展的内在规定性。

综上所述,要完整准确地认识高校思想政治教育的本质,就必须坚持高校思想政治教育政治性和科学性在理论与实践上的有机统一。因此,深化对高校思想政治教育本质属性的认识,是当前加强高校思想政治教育有效性、促进高校思想政治教育学科建设的当务之急。

(一)高校思想政治教育内涵的继承性

伽达默尔认为,所有的概念都不是固定不变的,其意义必定随着时间的推移在阐释者的实践理解中发生变化。作为一个概念,高校思想政治教育的内涵也有着自身的变与不变。从不变的角度看,今天的高校思想政治教育是历史的继续,其基本内涵首先是对传统的继承。重视思想政治教育是党的优良传统。在党的历史上,高校思想政治教育形成了自身丰富的内涵。继承党的优良传统,把传统证明过的科学的东西纳入高校思想政治教育中来,是高校思想政治教育自身发展的需要。在全国加强和改进大学生思想政治教育工作会议上,习近平同志指出要坚持继承优良传统与改进创新相结合,坚持党的思想政治工作的优良传统,积极探索新形势下大学生思想政治教育工作的新途径、新方法。习近平同志的讲话高屋建瓴,对高校思想政治教育继承传统、继往开来,在理论和现实上有很强的指导意义。

在中国共产党思想政治教育史上,党为把大学生培养成对祖国、对人民的有用之才,曾先后提出了许多科学的标准和要求。从毛泽东当年提出"身体好、学习好、工作好"的"三好"要求到邓小平提出"有理想、有道德、有文化、有纪律"的"四有"标准,再到江泽民同志提出"坚持学习科学文化与加强思想修养的统一、坚持学习书本知识与投身社会实践的统一、坚持实现自身价值与服务祖国人民的统一、坚持树立远大理想与进行艰苦奋斗的统一"的"四个统一"的要求，都着眼于中国革命、建设和改革的具体实践与客观要求，为大学生成长成才指明了方向，设定了标杆。从总体上看，这些针对广大青年特别是大学生专门提出的标准和要求，是一脉相承的科学体系，从强调德智体美劳协调发展，到强调理想、道德、文化、纪律兼备，再到强调求学和做人、知识和实践、个人和社会、理想和现实的统一，既体现了人才培养的目标，也包含了丰富的思想政治教育内容，揭示了高校思想政治教育的丰富内涵。这些内涵在高校思想政治教育中具有恒久的意义。

（二）高校思想政治教育内涵的创新性

传统固然重要，但是它不能包揽和代替现实。因为事物在发展，现实在变化，新的东西总是层出不穷，一味抱残守缺，无异于刻舟求剑，不能适应时代的发展和社会的需求。因此，在合理继承传统的基础上，创新实属必然。

创新是对传统做大胆的扬弃，重在创意、创建和创立。创新需要科学与人文的价值导向：求真、向善。求真，即贴近现实，追求真理；向善，即符合完美的人性，追求人类的终极关怀，体现符合多数人意向的道德情感，它是一种价值承诺，是教育信念确立的基础和前提。在创新这一概念中，"创"始终是手段，"新"才是目的。所谓新，并不仅仅是标新立异，而要看其是否具有新价值，是否体现事物的本质，是否代表社会发展的方向。我们需要的是真正意义上的创新，反对徒有其表的所谓的创新。那种把创新仅仅停留在现象层面，甚至停留在口号上的做派，是学风浮躁的表现，绝非真正意义上的创新。旧和新，只是相对而言，旧在先前也曾是新的，何况它能沿袭至今，必有其缘由，所以我们不能对其进行简单的肯定和否定。在各种思潮并起、社会价值观多元的社会，对旧和新进行梳理，还其以本来面目，是继承和创新的逻辑起点。

针对教育，邓小平提出了教育要面向现代化、面向世界、面向未来的主张，还提出了培养"有理想、有道德、有文化、有纪律"的社会主义新人的目标，为克服思想政治教育的功能性危机，推动思想政治教育实现创新指明了方向。同时，当代社会迅速发展的情况同过去已有很大不同，现在绝不是过去的再现，未来更不是现在和过去的翻版，教育的重任是要为一个未知的世界培养人，这就为教育体系提出一个崭新的理论。因此，在现代社会条件下，思想政治教育的生命线作用、先导性作用，应当合理地被理解和作为创新功能进行增强。这种功能增强的基础，就是思想政治教育向未来领域的发展。高校思想政治教育只有增强创新功能，即面向未来不断实现对自身的超越，并不断促进大学生实现自我超越，才能真正把握未来、拥有未来。否则，面向未来就是一句空话。

进入21世纪，在继承和发展毛泽东、邓小平、江泽民有关重要论述的基础上，胡锦涛同志对全国青年提出了"四个新一代"的要求，鼓励广大青年努力成为"理想远大、信念坚定的新一代，品德高尚、意志顽强的新一代，视野开阔、知识丰富的新一代，开拓进取、艰苦创业的新一代"。这一要求指明了大学生成长成才的目标，为当代青年的健康成长进一步指明了方向，也为高校思想政治教育提出了新的更高的要求。在培育"四个新一代"人才标准的指引下，高校思想政治教育工作必须在实践中实现创新。长期以来，我国高校思想政治教育工作较多地侧重了政治教育，而对思想教育作为一个系统工程缺乏足够的认识和把握，同时对思想政治教育内容的划分也不够清晰和准确。在中央召开的全国加强和改进大学生思想政治教育工作会议上，习近平同志结合大学生成长成才的素质要求，结合社会主义人才培养的目标，提出了高校思想政治教育的基本内容：高校思想政治教育要以理想信念教育为核心，深入进行正确的世界观、人生观、价值观教育；以爱国主义教育为重点，深入进行民族精神教育；以基本道德规范为基础，深入进行公民道德教育；以大学生全面发展为目标，深入进行素质教育。这一论断科学而全面地界定了高校思想政治教育的内涵，构建起了一个既有核心又有重点，既有基础又有目标的思想政治教育内容体系。在这个内容体系中，"三观"（世界观、人生观、价值观）教育、民族精神教育、公民道德教育和素质教育有机统一，思想教育、政治教育、道德教育和心理健康教育紧密结合，个人、集体和社会相互承接，层次分明、重点突出、目标清晰、任务明确，使高校思想政治教育的内容更加完备、更加充实和科学，从而为培养造就德智体美劳全面发展的社会主义合格建设者与可靠接班人提供了保障和基础。

二、高校思想政治教育的要素

不同时代、不同国度、处于不同发展阶段的思想政治教育各不相同。一般说思想政治教育时，都有特定的范围和指向，如阶级的思想政治教育、政党的思想政治教育、企业的思想政治教育、学校的思想政治教育、军队的思想政治教育、特殊群体（如留守儿童、服刑人员、贫困生等）的思想政治教育。其中，学校思想政治教育又分为高校思想政治教育和中小学思想政治教育。本书主要探讨高校思想政治教育。由于大学生群体的特殊性，在高校思想政治教育中，要重点关注四个要素。

（一）高校思想政治教育的方向和指导思想

坚持以马克思列宁主义、毛泽东思想、邓小平理论、"三个代表"重要思想、科学发展观以及习近平新时代中国特色社会主义思想为指导，深入贯彻党的十九大精神，全面落实党的教育方针，紧密结合全面建成小康社会的实际，以理想信念教育为核心，以爱国主义教育为重点，以思想道德建设为基础，以大学生全面发展为目标，解放思想、实事求是、与时俱进，坚持以人为本，贴近实际、贴近生活、贴近学生，努力提高高校思想政治教育的针对性、实效性和吸引力、感染力，培养德智体美劳全面发展的社会主义合格建设者和可靠接班人。

（二）高校思想政治教育的基本原则

党的十七大报告和党的十八大报告分别明确指出，"当今世界正在发生广泛而深刻的变化，当代中国正在发生广泛而深刻的变革""当前，世情、国情、党情继续发生深刻变化"。因此，高校思想政治教育的基本原则是做到坚持"六个结合"，即坚持教书与育人相结合、坚持教育与自我教育相结合、坚持政治理论教育与社会实践相结合、坚持解决思想问题与解决实际问题相结合、坚持教育与管理相结合和坚持继承优良传统与改进创新相结合。

（三）高校思想政治教育的主体和客体及其相互关系

主体主要包括从事思想政治教育的教师、人员和各课程授课教师；客体主要是指接受思想政治教育的对象或人，这里主要界定为高等学校的学生。同时关于高校思想政治教育的主体不限于学校的圈子，国家、政府和社会等也可发挥高校学生施教者的作用；本着教学相长的原则，高校思想政治教育的客体即高校学生也能够发挥主体的作用，在思想政治教育中对主体即教师产生能动作用。主体和客体在内化的基础上都能对自身进行思想政治教育。在高校思想政治教育过程中，教育者和受教育者、教育主体与教育客体之间相互影响、相互作用、相互推动，从而达到思想政治教育的实效性。

（四）高校思想政治教育的载体、场景和人员的多样化

高校思想政治理论课是对大学生进行思想政治教育的主渠道，形势政策教育是思想政治教育的重要内容和途径。课堂成为高校思想政治教育的主阵地，课堂教学和说服教育成为高校思想政治教育的主要形式。高校所开设的各门课程都具有育人功能，所有教师都负有育人职责。努力拓展新形势下大学生思想

政治教育的有效途径意味着，高校思想政治教育不仅可以在课堂内实施，还可以把场地置换到教室之外，依托社会实践活动和校外教育基地，创设"移动课堂"。不仅可以实施教师和学生面对面的教学，还可以实施网络教学和远程教育；不仅可以用汉语进行教学，还可以置换工作语言，在实施过程中穿插外语，实行"双语教学"；思想政治教育专职人员和教师不仅有责任和义务进行思想政治教育，还要有全员意识，所有教师无论在课内还是在课外都要有思想政治教育的责任和义务。

第二节 高校思想政治教育的目标

高校思想政治教育目标探讨的是"高校思想政治教育为了什么"这一学科本源性问题。任何目标的确立都关系到内容的构建和方法的选择，高校思想政治教育目标也不例外。我国高校思想政治教育的目标对应高校思想政治教育的价值，主要指向社会目标和个人目标以及二者的统一性问题。在新时期，党的十八大报告对我国的高校思想政治教育目标做了更加详细明确的阐述，同时也针对当前高校思想政治教育的目标指向问题提出了新要求。

一、高校思想政治教育目标的类型

一般说来，目标是个集合概念，作为集合概念的高校思想政治教育的目标，指的是一个目标系统，这个系统之内的多层级子系统就是等级、大小各不相同的目标类型。在诸多纷纭复杂的目标类型中，较为长期的社会目标和人格目标是影响其他各类目标的根本目标。科学地设计这两大根本目标，对于高校思想政治教育的成功实施，具有决定性意义。

（一）社会目标、群体目标与个体目标

社会目标、群体目标与个体目标，是依高校思想政治教育对象的人数多寡而划分出来的目标类型。

1. 社会目标

所谓社会目标，指的是在一个国家内全社会的高校思想政治教育所要达成的目标。任何目标的确立总会有一定的依据，而不是空穴来风。适应和满足当前的社会发展需要，是制定和确立高校思想政治教育目标的根本依据。高校思想政治教育的社会目标一般是远期目标，需要经过相当长的时间持续努力才能实现。它贯穿于高校思想政治教育的全过程，反映的是社会发展的客观趋势和

长远需要，是高校思想政治教育最终要达到的预想效果。

高校思想政治教育目标具有根本性、全局性和战略性，它对高校思想政治教育和大学生的思想行为有着重要的战略指导作用。现代化建设新时期要求我们既要搞好物质文明的建设也要搞好精神文明的建设，强调物质文明建设和精神文明建设"两手抓，两手都要硬"。这个高度的社会主义精神文明，就是改革开放40多年来我国高校思想政治教育不断追求的社会目标。

2. **群体目标**

人是社会的人，它主要是以群体的方式存在的，因而，高校思想政治教育的目标也是一个群体目标。这里的群体主要是指具有相同或相似特征的个体所组成的社会团体，顾名思义，群体目标就是高校思想政治教育对这些团体所要达到的目标。群体由个体组成，这些个体往往在某些方面具有相同或相似的特点，如职业相似、收入相近、年龄相仿，或者性格爱好相投，有时候也可能是身体状况、居住地、家庭条件等相同或相似，这些因素会将不同的个体归类成不同的社会群体。在这些不同的社会群体之间，在许多具体方面又有一定的不同。例如，这些社会群体的生存境遇、理想追求、现有社会地位、对社会的价值判断等，不同的因素必然会使这些不同的社会群体遭遇各不相同的思想道德和政治观念问题，因此，根据所针对的不同群体，明确高校思想政治教育的具体目标十分必要。

很鲜明的例子是，我们一直常抓不懈的职业道德教育、医德医风教育、青少年道德教育、大学生价值观教育、教育工作者的教育等，要想取得实效，就必须首先进行相应的高校思想政治教育群体目标的科学设计。在现阶段向市场经济过渡的社会转型期，党和政府对农民、失业者、残疾人等社会弱势群体的特殊关照，无疑也要辅之以深入人心、温暖人心的思想政治工作。这种思想政治工作的实效性，同样依赖于对不同的群体目标的科学设计。

3. **个体目标**

高校思想政治教育对社会个体成员需要确立个体目标，这一个体目标的实现过程，是大到学校、社会，小到家庭、家人对个体的长期培养教育，最终达到人格目标的实现；这一个体目标也可以锁定在解决特定实际问题，通过高校思想政治教育的实施达到即时目标，以解决实际问题。总之，无论是随处可见以至于有些雷同的人格目标，还是各种各样具体的即时目标，由于它们都属于个体目标的范畴，所以与相对应的社会和群体目标相比，它们无疑具有强烈的个性化特征。因此，在确立个体目标时，要遵循马克思主义哲学科学方法的指导，做到所阐明的"具体情况具体分析""一把钥匙开一把锁"，将理论和实际紧密结合。

世界是普遍联系的，任何事物都具有一定的关联性。当然，对于社会目标、群体目标与个体目标而言，它们三者之间也紧密联系。马克思主义哲学关于人的本质的理论、个人与社会关系的理论对三者关系都有详细明确的阐述，按照马克思主义哲学的论述，社会目标、群体目标和个体目标三者之间是相辅相成、相互转化的辩证统一关系。对于社会目标和个体目标两者而言，个体目标是社会目标的基础，同时，社会目标对个体目标具有指导作用。如果社会目标是个错误的目标，那么它将引领个体目标走向迷途，个体目标就会迷失方向，即使个体目标是正确的，那么也很难实现；同样，积少成多，社会目标的实现离不开个体目标的积累，若没有一个个具体的个体目标的累积，社会目标则必然丧失根基、流于空谈，空泛而没有意义，同样难以实现，且个体目标和社会目标都无法实现，那么这就意味着高校思想政治教育的失败。至于社会目标和群体目标、群体目标和个体目标的关系，也大体如此。

因此，要实现高校思想政治教育的最终目标，就要将社会目标、群体目标、个体目标结合起来，并正确认识它们之间的联系，摆正方向，这样才能正确发挥科学的高校思想政治教育的作用，促进社会的文明和进步。与此同时，要确立相应的群体目标和个体目标，推动各个社会群体文明水平的提高，增强个体教育对象的人格修养和全面发展能力。

（二）人格目标与即时目标

具体说来，人格目标与即时目标其实都属于个体目标的范畴，是根据对个体的高校思想政治教育所着眼问题的性质而做的分类。倘若教育者着眼于受教育者的人格培养、人格塑造，此时的高校思想政治教育目标可称为人格塑造目标或人格目标；倘若教育者着眼于帮助受教育者解决当下面临的实际问题而端正其思想认识、提高其思想水平等，此时的高校思想政治教育目标可称为即时目标。人格目标是高校思想政治教育的带有长期性、根本性和终极性的个体目标，而即时目标则是高校思想政治教育的带有迫切性、经常性和反复性的个体目标。人格目标对于即时目标具有指导性和目的性，而即时目标则是实现人格目标的基础和手段。如果说人格目标是结果，无数即时目标的累积则是获得这一结果的必经过程。因此，人格目标和即时目标是相辅相成、不可分离的辩证统一的关系，对其中任何一个目标的忽视，都必然导致高校思想政治教育的失效。人们很难设想，仅仅埋头于日常琐碎思想问题的解决而忘记人格培养的大

第二章 高校思想政治教育的基础理论

方向，或者仅仅热衷于高尚人格的说教而不解决具体问题的高校思想政治教育，会是成功的高校思想政治教育。

德国的著名教育家赫尔巴特曾经说过，人类的全部教育工作，可以用一个概念来表达：道德。在他看来，道德完善是人类的最高目的，因而也是教育的最高目的。因此，他认为，道德教育、人格塑造是全部教育的核心；培养具有完美德行的人，塑造真善美人格、公正品格和民主思想，是现代教育的最高目的。在中外现代教育史上，道德教育始终被置于中心位置，我国的教育方针也一直要求受教育者德智体美劳全面发展，从而成为德才兼备的人才。而真善美人格的塑造，则是道德教育，也是高校思想政治教育的最高目标。事实上，高校思想政治教育的一切个体目标，都要建立在个体的思想品德结构的基础之上，都要反映个体的思想品德和人格结构的发展需要。所以，在整个思想教育的目标体系中，个体的人格目标（它是社会目标得以完满实现的基础条件）必然处于核心地位，而忽视个体人格目标的高校思想政治教育，不是真正意义上的高校思想政治教育。

所谓人格，通俗地说，就是人之为人的"资格""格调"，是人之区别于非人的根本特质，如人的权利、人的尊严、人的理性、人的情操、人的道德感、人的进取心等，都属于人格的范畴。说一个人丧失了人格或人格低下，无非是说他失去了人的尊严，或者在权利意识、道德感等方面有所欠缺。中国优秀的传统道德，要求人做一个有尊严的人、高贵的人、昂首挺立的人，不可过分卑屈，自轻自贱。"富贵不能淫，贫贱不能移，威武不能屈"，这句话之所以成为千古流传的人生箴言，之所以至今仍是中国人的人格目标，不就是因为它真切地反映了中华民族的人格追求吗？

以上所说，大体上属于中国传统伦理学所特别强调的"道德人格"范畴。现代西方的人格理论认为，人格是自我、本我、超我的统一，是性格、气质、能力的总汇，是社会角色、身份和主体的同构。因此，对于现代的人格概念，除了伦理学这一研究角度之外，人们还从心理学、法学、社会学、人类学等学科角度去研究分析，关注人的心理人格、法律人格的健全。所谓心理人格，侧重于对人的生存、发展的心理需要和精神活动的描述，强调每个人对个体本质的自我实现；而法律人格，则把人置于法律关系中去理解，强调个体人作为法定的权利义务之行为主体的公民身份。总之，人格概念所描述的是现实的有特色的个体人经由社会化所获得的、具有内在统一性和相对稳定性的特质结构，是人的思想品德、心理状态和社会行为的综合反映。如前所述，个体人格（包括道德人格、心理人格和法律人格等）的提升和完善，是高校思想政治教育一切个体目标的核心。

根据道德成长的一般规律,任何人的人格完善都是一个独特的渐进过程,不可能一蹴而就。对于处于不同的身心发展阶段的大学生来说,其人格需求是不同的。所以,对人格目标的设计也应当因人、因时、因地制宜,从每个人的思想实际出发,绝不能搞千人一面的"高大全"人格模式。当人格目标太理想化时,就成了遥不可及的事,受教育者会认为"反正我也做不到",因而干脆放弃追求。当然,人格目标也不可以太现实化而缺乏理想,无须努力追求便唾手可得,那样便不会加以珍惜。切实可行的人格目标,应当把理想和现实恰当地统一起来,使受教育者"跳一跳,够得着",如此不断地提升目标,最终会使受教育者趋于人格完善。

科学设计的人格目标如何才能一步步地实现?这就要靠一个个即时目标的累积。在日常的生活、学习、工作中,"心想事成""万事如意"的境况几乎是例外,而遭遇困难与挫折却是常态。高校思想政治教育工作者的任务,就是要主动、热情地关心身处困境的大学生,为他们创造从思想到物质的条件,帮助他们克服困难、战胜挫折。每一个旨在解决实际问题的即时目标的实现,必定会提升人格目标教育的说服力和诱导力,带来受教育者道德和人格的提升,或者至少为人格提升创造条件。实践表明,大学生正是在实现一个个高校思想政治教育的即时目标的过程中,不断地趋近于以至最终实现高校思想政治教育的人格目标,从而促进自身的全面发展和社会进步。

二、当代高校思想政治教育的目标

(一)当代高校思想政治教育目标的内涵

进入 21 世纪,高校思想政治教育工作面临着全新的环境。新时期加强和改进高校思想政治教育工作,就是为了更好地统一全党全国人民的思想,培养"有理想、有道德、有文化、有纪律"的社会主义新人,调动在校大学生的积极性,投身以经济建设为中心的社会主义建设事业。

这一时期高校思想政治教育目标的内涵,是依据社会的发展需要和人的发展需求确立的。它以客观条件为依据,受客观条件的制约和检验,是科学的、明确的。

1. **反映了时代要求和中心任务的需要**

当代高校思想政治教育工作的最终目标是为社会主义建设事业服务的,它紧跟时代步伐,反映了我们党和国家奋斗目标的时代要求,反映了党在新时期的中心任务的需要。我党的最终奋斗目标,是要达到并实现共产主义,从社会主义的初级阶段走向社会主义高级阶段。马克思主义社会经济学对共产主义制度的阐述和构想是，共产主义社会的实现不是一蹴而就的，它和任何新生事物一样，都要经历一个从萌生、发展、成熟到最后终结的曲折过程，这个过程对于共产主义社会而言，是一个漫长的历史发展过程，它不会一步就走向成熟，中间会经历许多历史阶段，每个历史阶段的发展目标不同，因而任务、特征、难易程度和历程等也不同。我国对共产主义的理解和实践有着鲜明的中国特色，在每一个发展阶段，我国的社会经济、政治、文化的发展水平不同，党和政府会根据这些具体的现实情况的不同，确定出每个时期的中心任务。根据目前我国各个方面的发展情况，可以明确我国当前并将在未来的很长时间内都处于社会主义初级阶段这个大前提，决定了我国建设社会主义现代化，最终实现共产主义要先踏实走过这个社会主义初级阶段而不能逾越这个历史阶段。在这个初级阶段中，党提出了相应的基本路线与纲领，即把我国建设成为富强、民主、文明的社会主义现代化国家的奋斗目标。为了和社会主义初级阶段的国情相适应，高校思想政治教育工作的总体任务和具体任务就要有一个明确的定位。

2. 反映了工作对象的思想政治品德现状和发展的需要

高校思想政治教育工作的最终目的是为社会主义建设事业服务的，因此，它的首要目的是提高大学生的思想觉悟和认识水平，使理论能够结合实际，并将其用到现实生活中来，用马克思列宁主义、毛泽东思想、中国特色社会主义理论体系武装大学生的头脑，提高他们的思想道德素质，从而提升大学生认识世界、改造世界的能力。高校思想政治教育工作的展开涉及传播者和工作者两个具体的对象，思想政治教育的实质是思想政治的授受过程，因此，思想政治教育目标和高校思想政治教育工作对象的客观状况有着很密切的联系。工作对象的客观状况具体包括三个方面：一是工作对象自身的思想政治品德现状；二是知识结构、思想认识、身心发展的实际情况，工作对象思想政治品德的形成、发展和变化规律；三是工作对象把思想政治品德"外化"为实践、知行统一、行为践履的客观状况。

总之，高校思想政治教育的目标是依据并顺应社会发展的客观要求提出的，它反映了客观世界发展的本质规律。科学的思想政治教育目标，面向着客观世界、依赖于客观世界，客观世界规定了目标的内容和性质。目标所体现的党和国家的奋斗目标、工作对象的思想状况、历史实践的需要都要受社会客观条件的制约。高校只有根据目标所反映的客观要求加强和改进思想政治教育工作，才能使工作紧跟形势，体现出时代特色，适应需要，推动社会发展。

（二）当代高校思想政治教育目标的内容

1. 政治目标

政治目标就是当代高校思想政治教育在政治素质方面的目标。高校思想政治教育工作首先应帮助学生符合基本的政治要求，即用爱国主义思想教育工作对象，使其成为一个忠诚的爱国主义者；其次，应使他们努力学习马克思列宁主义、毛泽东思想、邓小平理论、"三个代表"重要思想、科学发展观、习近平新时代中国特色社会主义思想，教育大学生学会用科学的思想政治观念武装头脑，正确认识人类社会历史发展的客观规律，把握中国特色社会主义奋斗的方向和目标；最后，不应忽视帮助大学生树立社会主义民主法制观念，使每名大学生都能知法、懂法、守法，并学会运用法律武器保护自己的合法权益。

2. 思想道德目标

高校思想政治教育在思想道德形成方面也有着重要作用，即要使大学生在继承传统美德的基础上，发扬社会主义道德，树立以为人民服务为核心、以集体主义为原则的道德观，从而能正确处理个人、集体、国家之间的利益关系，从而使良好的社会公德、职业道德和家庭美德在全社会得到进一步弘扬。

3. 观念能力目标

高校思想政治教育应进一步解放大学生的思想，摆脱旧观念的束缚，帮助他们树立适应社会主义市场经济发展的竞争、自主、平等、创新、开拓的新观念；培养大学生的观察能力、分析能力、辨别能力、创新能力等；新时期高校思想政治教育还应注意大学生的心理健康问题，帮助他们培养应对激烈的竞争环境的心理承受能力和心理调适能力，使之具备良好的心理品质，从而培养自尊、自爱、自律、自强的优良品质；还应注重受教育者的善恶观念的培养和审美能力的提高，帮助大学生树立正确、健康的审美观，提高他们辨别美丑、创造美的能力。

三、明确高校思想政治教育目标的意义

（一）方向性意义

目标，就是方向。高校思想政治教育的目标，就是培养大学生在思想、政治、道德素质上应该达到的规格，就是培养具有什么样的政治思想和道德素质的人。高校思想政治教育的目标是高校思想政治教育者和受教育者都应努力的方向。对教育者而言，是实际工作的指标；对受教育者而言，是思想素质和道德水平所应达到的程度。如果高校思想政治教育工作脱离目标，不仅会造成大量人力、物力、财力的浪费，而且会导致工作完全朝背离我们所规划的方向发展，甚至从反面阻碍发展，阻碍受教育者思想品德的提高，阻碍全社会良好风气的形成。

（二）推动性意义

明确高校思想政治教育目标能够推动高校思想政治教育活动的展开。高校思想政治教育的目标是高校思想政治教育活动开展的预期结果，让教育主体和客体都看到了教育的结果及其价值所在，从而产生为实现这一结果的强大动力。在社会实践活动中，人们总是为一定的目标而努力。目标也因此发挥着激励人们积极开展实践活动的作用。高校思想政治教育目标对于教育者和受教育者都具有激励作用。对于教育者而言，目标达成表明其工作有效，因而会得到社会的肯定和褒奖，从而激励教育者继续努力。对于受教育者而言，目标达成意味着其思想素质和道德水平达到社会的要求，使其成为社会需要的人，得到社会的认同和接纳，从而激发自己更主动地接受高校思想政治教育。因此，在高校思想政治教育活动中，科学、具体和可行的目标可以提高教育者和受教育者双方的积极性，增强他们积极参加高校思想政治教育的主动性。

（三）检验性意义

效果检验是高校思想政治教育的重要环节。要保证检验的客观性，就必须依赖一个统一的客观标准，这个标准就是高校思想政治教育目标。因为，高校思想政治教育目标包含对教育者、受教育者、教育内容等方面的具体要求和规定，反映了党和政府对高校思想政治教育的总体要求。所以，依据高校思想政治教育目标对教育者进行评价则更具客观性和公正性。

（四）应变性意义

以目标为导向，紧紧围绕目标的时代要求，根据目标来改进内容、形式、方法，就可以实现现阶段高校思想政治教育工作对时代形势的高度应变性，抓住机遇，创造良好的精神条件和思想文化氛围，真正承担起保证社会主义建设事业顺利进行的重任。

（五）有效性意义

高校思想政治教育工作实现的程度检验了工作是否有效。通过检查思想政治教育工作的结果是否与预期的目标方向相一致，高校可以判断工作是有效的或无效的。如果工作的结果偏离了预期目标的方向，甚至与目标背道而驰，那么目标需要解决受教育者的思想问题；目标需要高校增强受教育者的积极性和创造性，若经过开展教育工作以后受教育者反而更加消沉了，甚至失去了信心，那么这样的教育工作是无效的，甚至是负效的，没有起到任何作用，反而耗费了时间和精力，或者引起了受教育者的反感，产生了副作用、反作用。所以，高校进行思想政治教育工作，增强工作的有效性，首先就要彻底去除以上无效的工作方式。

第三节 高校思想政治教育的任务

从党的十八大报告到习近平总书记在全国高校思想政治工作会议上的讲话，反复强调教育的根本任务就是立德树人，把思想政治工作贯穿于教育教学全过程，实现全程育人、全方位育人。这一重要的理论创新确立了当代大学生思想政治教育的根本任务，为新形势下加强和改进大学生思想政治教育工作指明了方向，提出了新的要求。习近平总书记在谈教育时多次指出，我们要紧扣时代精神，强化思想引领，把立德树人的根本任务落到实处。

当前我国的教育方针以"办什么样的教育、怎样办教育"为重点，以"培养什么样的人、如何培养人以及为谁培养人"为核心，这一重点和核心是教育事业改革和发展的根本方针，指明了教育工作的总方向，凝聚着党和国家对教育事业的总体要求。

党的十八大报告对新时期教育事业发展的总体要求和教育方针做出了明确表述："努力办好人民满意的教育。教育是中华民族振兴和社会进步的基石。要坚持教育优先发展，全面贯彻党的教育方针，坚持教育为社会主义现代化服务的根本任务。培养德智体美全面发展的社会主义建设者和接班人。"习近平总书记在北京大学师生座谈会上对深化我国高等教育改革提出了明确要求："全国高等院校要走在教育改革前列，紧紧围绕立德树人的根本任务，加快构建充满活力、富有效率、更加开放、有利于学校科学发展的体制机制，当好教育改革排头兵。"要坚持把立德树人作为中心环节，把思想政治工作贯穿于教育教学全过程，实现全程育人、全方位育人，努力开创我国高等教育事业发展新局面。由此可见，立德树人就是我党新时期教育方针的本质要求。

中国特色社会主义事业已经取得了举世瞩目的巨大成就，经过多年的不懈努力，走出了一条符合中国国情的中国特色社会主义道路，这是一条中国式的现代化道路，具有鲜明的时代特征和中国特色。中国特色社会主义道路就是在中国共产党领导下，立足基本国情，以经济建设为中心，坚持四项基本原则，坚持改革开放，解放和发展社会生产力，巩固和完善社会主义制度，建设社会主义市场经济、社会主义民主政治、社会主义先进文化、社会主义和谐社会、社会主义生态文明，建设富强、民主、文明、和谐、美丽的社会主义现代化国家。坚持立德树人，培养以大学生为主的社会主义建设者，确保大学生在理论与实践的结合上深刻领会中国特色社会主义是党和人民长期实践取得的根本成就，深刻领会中国特色社会主义是由道路、理论体系、制度构成的，深刻领会建设中国特色社会主义事业的总依据、总布局、总任务，深刻领会夺取建设中国特色社会主义事业新胜利的基本要求，深刻领会确保党始终成为建设中国特色社会主义事业的领导核心。

高校思想政治教育要落实立德树人的根本任务，就要用好思想政治理论课教学这个主渠道。习近平强调"思想政治理论课要坚持在改进中加强，提升思想政治教育亲和力和针对性，满足学生成长发展需求和期待，其他各门课都要守好一段渠、种好责任田，使各类课程与思想政治理论课同向同行，形成协同效应"。高校思想政治理论课是有目的、有计划、系统地对大学生进行思想政治教育。各高校不仅专门设置了由"马克思主义基本原理概论""毛泽东思想和中国特色社会主义理论体系概论""中国近现代史纲要""思想道德修养与法律基础""形势与政策"五门课程构成的思想政治理论课，而且设立了马克思主义理论学科加以研究和建设。通过思想政治理论课对大学生进行马克思主义基本原理和思想政治教育，帮助大学生确立正确的政治方向，树立无产阶级世界观、人生观、价值观，从而提高他们的思想政治觉悟、辨别是非的能力和独立思考的能力。

高校思想政治教育要落实立德树人，必须坚持中国共产党的领导。高校党委要确保高校正确的办学方向，掌握高校思想政治教育工作主导权，保证高校始终成为培养社会主义事业建设者和接班人的坚强阵地。高校党委应加强党员队伍教育管理，组织党员深入开展"两学一做"学习教育，认真做好在高校优秀青年教师、优秀学生中发展党员的工作，使每个师生党员都做到在党爱党、在党言党、在党为党。

积极培育和践行社会主义核心价值观，是高校思想政治教育立德树人根本任务的应有之义和必然要求。党的十八大报告从国家层面、社会层面和公民个人层面提出了"三个倡导"，强调要积极培育和践行社会主义核心价值观。引导大学生积极培育和践行社会主义核心价值观，正是立德树人的关键：①要把社会主义核心价值观的内容和要求体现到教育教学、社会实践、文化育人等各环节。落细落小落实，求实效，教育引导学生从细处着眼，从点滴做起。加强对高校教材和课堂讲坛等的管理，抵制各种错误思潮和观点的影响，引导大学生明辨理论是非，澄清模糊认识，不断增强"四个自信"。②充分尊重大学生的主体性，充分发挥大学生的主体作用，在深入了解和真正理解大学生的认知特点、个性差异和接受习惯的基础上，把社会主义核心价值观教育与大学生实际生活紧密结合，激发他们自我教育的需要，强化他们自我教育的意识，提高他们自我教育的自觉性。③弘扬我国古代道德教育中重视自我教育和道德修养的优良传统，努力营造民主、轻松、活跃、积极的思想政治教育氛围，为大学生提供自我教育的空间和平台，让他们掌握自我教育的正确方法和途径，使他们在社会生活实践中积极培育和践行社会主义核心价值观，同时逐步培育核心价值观。

要落实立德树人的任务，高校必须坚持"育人为本、德育为先"的教育理念。坚持"育人为本"，就是要求高校把人才培养摆在学校工作的中心位置，实现大学生在教育过程中的主体地位。在人才培养中，道德是才能发挥的基础和前提，一个真正的人才必须具备良好的道德品质和崇高的道德追求。坚持"德育为先"，就是要求高校把德育放在一切教育工作的首位，注重德育的先导性和引领性作用，发挥德育对各种知识学习的促进和激励作用，把握道德对人的知识、才能的主导性作用。因此，高校思想政治教育不仅要培养大学生的科学文化素质，更要大力提高大学生的思想道德素质，把"育人为本"与"德育为先"紧密结合在一起。

高校思想政治教育与立德树人的根本任务要协调发展。高校思想政治教育是一项复杂的系统工程，需要集合各方面、各层次、各类型教育协调推进，促进各种信息、资源和成果的整合、融通与交汇。在传承以往好的经验和有益做法的同时，应当注重三方面：①高校思想政治教育工作者应当具有宽广的视野，利用搭建好的平台，善于学习和借鉴国内外先进的教育思想与成果，吸纳多方观点，为高校思想政治教育发展提供强有力的支撑。兼收众家之长，在实践中寻求发展，在创新中实现新突破。②要实现教书育人、管理育人、服务育人的有机统一和结合。教书育人是在讲授科学文化知识过程中进行思想政治教育，管理育人是要寓思想政治教育于管理之中，服务育人则是通过优质服务使学生在此过程中接受良好的思想政治教育。虽然在方法和作用上三者有所区别，但在育人的性质和目标上是一致的，在育人的过程中相互促进、相互补充。加强和改进高校思想政治教育，就必须使三者统一于大学生思想政治教育过程之中并充分发挥其应有的作用。③营造家庭教育、学校教育和社会教育的良性互动，使各种教育互补共融。为此，就必须树立正确的家庭教育观念，重视养成教育，使家庭教育合理化、科学化。坚持学校教育在高校思想政治教育中的主体地位，明确学校是教育工作的主要承担者，教师是教育工作的重要责任人，丰富和拓展高校教育模式；立足社区教育和环境优化，发挥社会教育优势，探索社会教育途径。高校思想政治教育应加强家庭、学校和社会的衔接、联系与沟通，构建家庭、学校、社会三位一体的完整教育格局，形成学校、家庭、社会紧密配合的教育网络环境，进一步凝聚立德树人的强大生命力。

加强高校思想政治教育，提高大学生综合素质，实现大学生自由全面发展，是以习近平同志为核心的党中央从党和国家事业全局的高度，对加强高校意识形态工作的重要战略部署，也是新形势下加强高校思想政治教育的根本要求。要深刻认识加强高校思想政治教育工作宣传的极端重要性和现实紧迫性，坚持党性原则、强化责任担当，全面落实立德树人的根本任务。要办好思想政治理论课，发挥好哲学社会科学的育人功能，加强高校各类阵地的建设管理，加强教师队伍和思想政治教育工作队伍建设。要强化问题导向，弘扬改革创新精神，在破解高校思想政治教育工作短板上取得实质性进展。各级党委要负起把关定向、统筹指导、建强班子的责任，把高校思想政治教育工作纳入党建工作和意识形态工作中，确保高校成为坚持党的领导的坚强阵地。要深刻认识做好高校思想政治教育工作的重大意义、目标任务和基本要求，增强工作责任感和使命感。要牢牢把握社会主义办学方向，坚持以马克思主义为指导，坚持党对高校的领导，增强道路自信、理论自信、制度自信、文化自信，培养中国特色社会主义合格建设者和可靠接班人。

第四节 高校思想政治教育的特征与优势

一、高校思想政治教育的特征

（一）开放性

经济全球化是当今时代的重要特征和必然趋势。经济全球化下的高等教育是一种开放式教育，在这一背景下，高校思想政治教育无论是环境、过程，还是内容的开放性都越来越显著。其突出地表现在：在中外政治、经济和文化交流活动日益频繁的形势下，不同国家的高校思想政治教育可以求同存异和相互借鉴；高等教育和社会之间的界限逐渐变得模糊起来，高校思想政治教育更加贴近社会实际生活，大学生自觉地融入社会，各种社会思潮在当代大学生身上都有不同程度的表现，高校的改革与发展必须接受市场的检验和选择，高校和社会之间共生互动的新格局正在形成。高校思想政治教育只有与全球教育发展的历史趋势相适应，与社会主义市场经济建设的进程相协调，与当代大学生的全面发展相结合，发扬与时俱进和求真务实的精神，才能永葆生机和活力。

高校思想政治教育开放性的特点主要表现在以下三方面。

1. 人本性

人本性，是相对物本性、神本性而言的。以人为本，强调人的价值高于物的价值和神的价值。从价值论视角看，就是坚持以人为本，强调人的价值的至上性。马克思主义坚持以最广大人民即绝大多数人为本，坚持以解放全人类促进每一个人自由全面发展为最终目标。高校思想政治理论课开放性教学是以马克思主义"人本论"为理论基础的。高校思想政治理论课不同于一般的专业课程，它的主要任务是培养大学生的思想政治素质，增强大学生的主体性，这就决定必须坚持马克思主义的"人本论"。高校思想政治理论课开放性教学的人本性，主要体现在三个方面：第一，把"以学生为本"作为核心理念。"以学生为本"这一理念是构建高校思想政治理论课开放性教学的理论基石，是贯穿这一教学模式的中心要素，是渗透于这一教学模式的精神灵魂，是决定这一教学模式性质的精神实质。第二，教学方法的人本性。它要求思想政治理论课教师在教学中要关心学生、爱护学生、尊重学生、体贴学生、帮助学生、引导学生，而不能压制学生，更不能打骂学生、贬低学生、损害学生。第三，教学是为了满足学生的精神文化需求，促进学生的全面发展。

2. 科学性

科学与人本是两种不同的价值取向，科学的价值取向是求真，人本则是求善；科学属于合规律性，人本属于合目的性。高校思想政治理论课开放性教学新模式不仅具有人本性，而且具有科学性，是求善与求真的统一、合目的性与合规律性的统一。高校思想政治理论课开放性教学具有科学性，主要因为它是以科学理论为依据，以科学实践为基础，以科学精神为指导，运用科学方法构建起来的。

第一，高校思想政治理论课开放性教学是在坚持科学立场的基础上构建起来的。科学立场即实事求是的辩证唯物主义立场。高校思想政治理论课开放性教学是建立在科学立场上的。它要求高校教师在思想政治理论课教学中，坚持一切从实际出发，按客观的教学规律办事，求真务实，做到"不唯书、不唯上，要唯实"。

第二章　高校思想政治教育的基础理论

第二，高校思想政治理论课开放性教学是以科学理论为依据的。马克思主义是科学的世界观和方法论，是追求真理、探索真理，揭示客观规律的行动指南。高校思想政治理论课开放性教学是以马克思主义为理论基础的，马克思主义关于"以人为本"的思想是"以学生为本"这一新的教学理念的哲学基础。马克思主义既是科学的世界观，又是科学的方法论。高校思想政治理论课开放性教学就是以马克思主义为指导思想，运用马克思主义的科学方法论构建起来的。高校思想政治理论课开放性教学不仅以马克思主义为理论基础，而且批判地吸收了现代西方教学理论中的合理成分，如人本主义教学论、建构主义教学论等都为高校思想政治理论课开放性教学提供了科学的理论依据。

第三，高校思想政治理论课开放性教学是一个完整的科学体系。它由"一个核心理念"与"三个基本要素"构成，层次清楚，逻辑严密，具有系统整体性特征。离开了系统整体性，就不能成为一个科学体系。高校思想政治理论课开放性教学新模式是一个有机的整体，"一个核心理念"与"三个基本要素"有机结合，缺一不可。

第四，高校思想政治理论课开放性教学采用了科学方法。高校思想政治理论课开放性教学运用了马克思主义的科学方法论。唯物辩证法是分析问题和解决问题的最一般的科学方法论。这一教学模式正确处理了教师指导主体与学生学习主体的辩证关系、科学性与人本性的辩证关系、教学管理与人文关怀的辩证关系、校园内部环境与外部环境的辩证关系、传统教学手段与现代教学手段的辩证关系、传承科学文化与创新科学文化的辩证关系、传统思维方式与创新思维方式的辩证关系，充分体现了唯物辩证法的思维方法。此外，还采用了现代科学方法，如系统科学方法、创新科学方法等。

3. 和谐性

科学性的价值取向是求真，人本性的价值取向是求善，和谐性的价值取向是求美。高校思想政治理论课开放性教学的科学性、人本性、和谐性等特点，体现了其价值取向的多样统一性，实现了"真、善、美"的有机统一。高校思想政治理论课开放性教学具有和谐性的特点。

（二）社会化

高校社会化是高校回应市场经济发展的时代取向，也是彰显高校价值的重要途径。高校社会化不仅包括开放办学、事业发展、教育教学实践、社会服务、科学运作的社会化，而且包括高校后勤工作的社会化。其中，高校后勤工作的社会化对高校思想政治教育的影响最大，使高校思想政治教育社会化的程度越来越明显。突出表现在：社会大环境、校园小环境之间呈现立体式的交叉渗透、动态式的交流合作的格局，尤其是校园周边环境对大学生的思想发展产生了重要的影响；各种教育教学基地、爱国主义教育基地、社会实践基地等建立起来并发挥着积极作用，社会实践成为高校思想政治教育的重要组织形式。高校思想政治教育只有自觉地融入丰富多彩的社会生活中，才能真正实现内容、方法、途径、机制和体制的创新，才能有效地促进大学生全面健康成长。

高校社会化的出现，对大学生的生活方式、交际方式、思维方式和价值取向会产生重大而深刻的影响，使得高校思想政治教育更加复杂。在高校思想政治教育社会化的过程中，要从大学生的思想实际出发，积极探索高校思想政治教育的新内容、新方法、新手段和新机制，力争在教育思想、教育宗旨、教育模式上有所创新和突破。要积极开展具有民族特色和地方特色的大学生社会实践活动。同时，在高校思想政治教育社会化过程中，要始终保持正确的政治方向，增强大学生的政治意识、大局意识和战略意识，把他们培养成合格的"四有"新人。高校思想政治教育的社会性和阶级性是一致的。只有保持阶级的先进性，才能确保社会性的正确方向；只有回归到社会生活中，才能使阶级性落到实处。

（三）信息化

人类已经进入了信息化时代，信息技术使人类的物质文明、精神文明和政治文明发生着巨大而深刻的变迁。信息成为大学生日常生活中的重要组成部分，并全方位地改变着大学生的日常生活方式、思维方式和价值观念，高校思想政治教育信息化是时代发展的客观趋势，也是高校思想政治教育创新的必然举措。突出表现在：教育信息的海量化和更新的快捷性，在网络空间的信息资源远远超过了传统的资源，而且更新的速度惊人；教育载体的开放性和参与性，网络载体是一个高度开放的新兴载体，任何人在其中都可以平等地进行教育和接受平等的教育；教育实践的隐蔽性和人际情感的间接性，网络教育是一种非面对面的间接性教育，人们可以借助网络接受知识、获取信息、交流情感，避免了人与人之间面对面的接触。为了适应高校思想政治教育信息化的要求，传统思想政治教育必须实现与信息化的整合，探索新的教育模式。

针对高校思想政治教育信息化的新特点，一方面要用马克思主义的基本立场、观点和方法对网络文化的"双刃性"进行全面、科学、深入的分析，弘扬主旋律、提倡多样化，坚持高校思想政治教育社会主义方向不改变；另一方面要正确认识信息化的具体特点和功能，发挥信息技术的优势，提高大学生思想政治教育的技术含量和效益。在教育宗旨上，以造就社会人格为本位；在教育主题上,以弘扬主体性为主旨;在教育机制上,以构建网络阵地为重点;在教育方法上,以现代化为取向。

在构建高校思想政治教育信息化教育模式的过程中,要正确处理信息化教育和传统教育、自律教育和他律教育,以及经济全球化和民族性之间的关系。

(四)创新性

创新是历史进步和人类自身发展的永恒动力,创新精神是时代精神的集中体现。高校在全民族创新体系建设中承担着重要历史使命,大学生思想政治教育创新是高校创新的重要内容,创新是新时期高校思想政治教育的重要特征。

高校思想政治教育的创新包括教育观念、教育内容、教育手段、教育方法、教育机制等方面的创新,这些创新的目的是实现高校思想政治教育由传统向现代的全面转型。在教育观念创新上,要实现封闭式教育向开放式教育转变,由补救式教育向前瞻式教育转变,由隐性教育向显性教育转变,由模式化教育向个性化教育转变;在教育内容创新上,要加强"三个代表"重要思想教育、科学发展观教育、创新素质教育、人文素质教育和个性化教育;在教育手段创新上,要充分利用现代教育技术发展的成果整合高校思想政治教育资源,实现高校思想政治教育的科技化;在教育方法创新上,要把灌输法和体验法相结合,他教法和自教法相结合,激励法和人格法相结合,传统教育法和现代教育法相结合;在教育机制创新上,要建立科学的管理机制、充分的保障机制、有效的激励机制和全面的评估机制。在高校思想政治教育创新过程中,要注意借鉴中国传统道德教育的精华,继承和发扬党的思想政治教育的优良传统,同时辩证地吸取国外大学生思想道德教育的有益成分。

二、高校思想政治教育的优势

思想政治教育的优势是通过向社会传播和弘扬社会主义核心价值观以达到凝聚社会共识。高校发挥思想政治教育优势的特殊性在于通过育人功能的发挥来影响社会和服务社会。可见,加强和提高大学生思想政治素质关乎社会主义事业建设的兴旺成功,关乎中华民族伟大复兴中国梦的实现。发挥高校思想政治教育优势,恰恰可以为这一伟大事业保驾护航。

高校思想政治教育优势具体体现为意识形态优势、理论宣传优势和实践优势,为大学生全面发展提供精神动力。充分发挥高校思想政治教育优势是解决当前大学生思想意识领域存在的问题的有效手段,是培养社会主义事业可靠接班人的重要保障。高校思想政治教育作为一切工作的生命线的优势是由思想政治教育的实践性、意识形态性和育人性本质决定的,是在中国革命、社会主义建设和改革开放的实践中形成的。思想政治教育是对人的世界观、人生观、价值观的影响和塑造的教育实践活动,其在中国革命、社会主义建设和改革开放的实践中起到了统一思想、拨乱反正的精神推动作用。中国共产党正是依靠思想政治教育积极推动马克思主义中国化、大众化,应对国际、国内挑战,实现国家独立、人民解放的;依靠思想政治教育解放思想、统一思想,通过改革开放,开辟具有中国特色的社会主义道路,形成中国特色社会主义理论体系。

(一)意识形态优势

高校思想政治教育首要的、突出的优势是意识形态优势。思想政治教育所负载的价值倾向是其他任何一种知识性教育所不具备的,它就是旗帜鲜明地向人民传播社会主流意识形态。

高校思想政治教育的意识形态优势体现为导向性和育人性。其在遵循社会发展规律的基础上,服务于社会发展,体现人民的根本价值利益取向,通过多种形式的教育和影响,达成政治共识,形成思想一致性和行动一致性;思想政治教育在政治认同的前提下,通过对大学生的教育和培养来提高他们的道德素质,达到最终的育人目的。因此,高校应该彰显思想政治教育的意识形态优势,从而成为意识形态宣传的前沿阵地。

(二)理论宣传优势

高校作为意识形态宣传的前沿阵地,主要通过理论宣传和理论创新来实现。理论宣传优势是高校思想政治教育优势的第二个表现。思想政治教育意识形态优势的发挥不是简单的灌输,而是通过手段先进、形式多样的宣传方式和载体实现的。其宣传的理论内容随着社会发展和时代变革而不断创新发展,体现了马克思主义中国化、大众化的最新理论成果。高校在思想政治教育理论宣传和理论创新方面具备得天独厚的优势,它不仅是马克思主义基本原理和中国特色社会主义理论的主要宣传阵地,更是理论创新阵地。

高校充分利用理论研究优势,结合中国社会历史性变革和社会发展实际,不断创新马克思主义基本原理;利用人才培养优势,不仅向青年学生讲解和宣传马克思主义基本原理,而且培养出了一批批具备良好理论素养的理论工作者。

(三)实践优势

高校思想政治教育优势还表现为实践优势。高校思想政治教育实践优势的发挥更有利于大学生学会如何与人相处,从而建立和谐的人际关系。实践优势还体现为实践渠道的多样性和灵活性。高校思想政治教育除了课堂主渠道教育之外，还可以通过开展校园文化建设，利用新型传播媒介等多种隐性思想政治教育渠道开展教育活动。高校思想政治教育实践是显性教育与隐性教育、正式教育和非正式教育相互融合、相互渗透的教育实践。

因此，发挥思想政治教育实践优势可以为大学生思想政治教育提供形式多样、内容丰富的实践形式。意识形态优势、理论宣传优势和实践优势是其他知识教育所不具备的，它们使高校思想政治教育成为培养人才，特别是培养社会主义事业可靠接班人的重要实践范式。

第三章 高校思想政治教育面临的机遇与挑战

高校思想政治教育工作是中国共产党思想政治教育工作的重要组成部分。习近平同志强调:"高校思想政治工作关系高校培养什么样的人、如何培养人以及为谁培养人这个根本问题。"当前,经济全球化、市场化、新科技革命给高校思想政治教育带来了前所未有的新机遇,同时也带来了严峻挑战。

第一节 高校思想政治教育面临的新机遇

一、贯彻习近平新时代中国特色社会主义思想

"中国特色社会主义进入了新时代",是党的十九大对中国社会的发展方位做出的重大判断。党的十八大以来,以习近平同志为核心的党中央科学把握当今世界和当代中国发展大势,顺应实践要求和人民愿望,把握全局、运筹帷幄,统揽伟大斗争、伟大工程、伟大事业、伟大梦想,统筹推进"五位一体"总体布局,协调推进"四个全面"战略布局,以巨大的政治勇气和强烈的责任担当,提出一系列新理念、新思想、新战略,出台一系列重大方针政策,推出一系列重大举措,推进了一系列重大工作,解决了许多长期想解决而没有解决的难题,办成了许多过去想办而没有办成的大事,推动党和国家事业发生历史性变革。

一是发展理念和发展方式发生历史性变革。面对世界经济持续低迷和国内经济"三期叠加"以及发展不平衡、不协调、不可持续问题突出的不利条件和复杂形势,党中央果断做出我国经济发展进入新常态的重大判断,配置起决定性作用和更好发挥政府作用的体制机制,坚定不移推进供给侧结构性改革,接连推出"一带一路"建设、京津冀协同发展、长江经济带发展、创新驱动发展等重大战略,加快推进经济结构调整和新旧动能转换,大力推进精准扶贫、精准脱贫,近年来,我国经济保持中高速增长。全面建成小康社会迈出重大步伐,

民生和社会建设持续推进，公共服务水平全面提高，人民生活不断改善，城乡居民收入增速超过经济增速，脱贫攻坚成就巨大。

二是体制机制发生历史性变革。党中央果断做出全面深化改革的重大战略决策和部署，成立中央全面深化改革领导小组，加强党对全国改革的顶层设计和集中统一领导，着力增强改革系统性、整体性、协同性，拓展改革广度和深度。重要领域和关键环节改革取得突破性进展，主要领域改革主体框架基本确立。司法体制、农村土地"三权分置"、户籍制度、考试招生制度、公立医院、生态环保等关乎民生的改革举措陆续落地实施，使得各方面体制机制弊端阻碍全社会创造力和发展活力的状况得到明显改善，人民群众的获得感不断增强，全面深化改革成为当代中国最鲜明的特征。

三是全面依法治国发生历史性变革。党中央果断做出全面推进依法治国的重大决策，统筹加强科学立法、严格执法、公正司法、全民守法各环节建设，统筹推进法治国家、法治政府、法治社会一体建设，开展国家监察体制改革试点，全面推进行政体制改革、司法体制改革、权力运行制约和监督体系建设，着力建设中国特色社会主义法治体系。有效提高了国家机构的依法履职能力，有效提高了各级领导干部运用法治思维和法治方式解决问题、推动发展的能力，有效增强了全社会法治意识，有效促进了社会公平正义，维护了人民群众的合法权益，显著增强了我们党运用法律手段领导和治理国家的能力。

党的十九大站在新时代的高度，郑重提出了用习近平新时代中国特色社会主义思想武装全党的历史性任务。由此，用习近平新时代中国特色社会主义思想武装大学生，也成为一个顺理成章的新课题。当代大学生代表着时代的晴雨表，是时代最敏感的神经。青春遇上新时代，就被赋予了新时代的责任。用习近平新时代中国特色社会主义思想武装大学生，是新时代的呼唤，更是高校思想政治课教师的历史责任和使命担当。实现中华民族伟大复兴的中国梦，关键在人，在于培养中国特色社会主义事业的建设者和接班人。用习近平新时代中国特色社会主义思想武装大学生，是培养中国特色社会主义事业的建设者和接班人的基础性工程。要把用习近平新时代中国特色社会主义思想武装大学生提升到培养"有理想、有本领、有担当"的中国特色社会主义事业建设者、接班人和培养实现中华民族伟大复兴中国梦的生力军的高度去认识，这是用习近平新时代中国特色社会主义思想武装大学生的政治站位要求。一是要坚持办好中国特色社会主义大学。将要坚持办什么样的大学、如何办大学、培养什么样的人、如何培养人的高校思想政治工作明晰定位，真正做到"在马学马、在马懂马、在马信马、在马讲马、在马研马、在马用马"，充分彰显中国社会主义高校的鲜明标识和亮丽底色，使"学起来、教起来、传起来、研起来、干起来、实起来"的要求落到实处，真正"热起来""动起来""潮起来"。二要把握新要求。深刻把握用习近平新时代中国特色社会主义思想武装大学生对思想政治课教学的新要求，自觉把思想政治课教学放到高校立德树人的中心环节去设计，放到党和国家发展大局中去考量，放到教育强国战略的历史责任和使命担当中去谋划，在当下就是要把精准学习习近平新时代中国特色社会主义思想的科学内涵、精神实质与思想政治课教学改革要求紧密结合起来，以学习和传播习近平新时代中国特色社会主义思想的成效进一步推动思想政治课教学的改革、发展和创新。三要讲信仰、讲理想。要打造信道、明道的思想政治课教师队伍，培养有理想信念、有道德情操、有扎实学识、有仁爱之心的"四有"教师，真正"让有信仰的人讲信仰，让有理想的人讲理想"。

二、经济全球化带来的机遇

中国特色社会主义市场经济改革与发展不断深入推进，加速了中国社会的变迁，使得竞争观念、平等观念、自由观念、民主观念等进一步深入人心。以互联网技术为先锋的新科技革命快速发展，互联网的广泛应用使得人们自由地获取信息与交流。这些都为高校思想政治教育构建了新环境、创造了新条件、提供了新机遇。

在经济全球化进程中，资本、技术、人才等各类要素在全球范围内流动，推动了经济、政治、文化的深入交流。大学生以各种形式与途径参与经济全球化，增长了对世界其他国家发展现状的直观认识，开阔了国际视野。国与国之间的经济、文化、科技交流与学习，使得大学生有机会、有条件对比中西方国家发展道路、理论、制度、文化，了解各国的发展优劣，有利于增强大学生对中国特色社会主义的道路自信、理论自信、制度自信、文化自信。

经济全球化有利于大学生增强中国特色社会主义道路自信。当前，中国经济总量跃居全球第二，综合国力大幅度提升，对比西方国家近年来的发展状况，经济发展与社会治理所面临的各种困境，反观中国经济快速发展所取得的成果，得以增强大学生对中国特色社会主义道路的自信。可以说，中国改革开放40多年走出了一条不同于西方却更加成功的现代化之路，并取得了巨大成功。这条道路的成功，开启了道路多元化发展的时代，是对人类社会发展规律的新探索，为全世界特别是广大发展中国家提供了一种可资借鉴的发展道路。历史和实践雄辩地证明，西方现代化道路并非放之四海而皆准的"普世道路"，中国特色社会主义道路符合中国国情，指引中国人民走向繁荣富强，增进人民的福祉，为破解人类面临的共同难题提供了"中国方案"。无疑，中国的崛起使得大学生更加坚信中国特色社会主义道路的正确性。

经济全球化有利于大学生增强中国特色社会主义理论自信。经济全球化使得现代化中西方理论能够放在一起充分比较，以此发现优势和劣势之处。大学生认识到自由主义、民主主义这些曾经作为探索中国发展道路的西方理论方案行不通，通过对比近40年来中国改革开放取得的成果，以及对比世界其他发展中国家的发展现状，大学生认识到中国特色社会主义理论体系指导中国人民改革开放，具有科学性、人民性和开放性，为当代中国指明了正确的发展道路和方向，迎来了中华民族伟大复兴的光明前景。特别是党的十八大以来，习近平总书记站在时代发展和战略全局的高度，在改革发展、内政外交、治党治国治军等方面发表了一系列重要讲话，形成了一系列治国理政的新理念、新思想、新战略，深刻回答了党和国家发展的重大理论和实践问题，为理论自信增添了新的底气。这些都坚定了大学生对中国特色社会主义理论的自信。

经济全球化有利于大学生增强中国特色社会主义制度自信。中西文化交流为大学生开展制度比较研究提供了机会，通过比较各国的社会制度，大学生认识到中国特色社会主义制度是历史的选择、人民的选择，是中国共产党领导中国革命、建设和改革的经验智慧结晶，是当代中国立足国情、继承传统、人民至上、包容互鉴、求同存异的最新成果。大学生认识到西方的自由民主制度虽然推动了历史的发展，但也充满弊端。历史和现实表明，西方自由民主制度并不完美，也绝不是人类社会制度的终结者，中国特色社会主义制度经历了实践检验，显示出巨大优势，随着时间推移，它独特的世界性价值正赢得越来越多世人的认可。显然，经济全球化提供了便利的条件，使得大学生能够通过比较研究，发现和认识到中国特色社会主义制度的科学性、优越性、先进性。

经济全球化有利于增强大学生中国特色社会主义文化自信。经济全球化促进了我国文化的繁荣发展，丰富了人民群众的文化生活，加快了我国文化的对外传播。中西文化交流愈加频繁，各类书籍、期刊、报纸丰富，尤其是在互联网快速发展的条件下，大学生通过计算机、手机等电子设备得以充分了解西方文化。

通过学习和对比，大学生能够认识到中国特色社会主义文化既传承了中华优秀传统文化的精髓，又吸收了西方先进文化的养分，还继承和发扬了中国共产党领导创造的革命文化和社会主义先进文化；认识到西方自由民主文化基于基督教文明与资本主义精神，而中国历史文化传统和国情有着独特性，中国文化发展必须走独立自主道路，不能照搬照抄西方自由民主文化，中国社会发展不可能脱离特定的历史条件和文化传统。经济全球化给中国文化对外传播提供了条件和平台，提高了中国文化的对外影响力，彰显了中国文化价值。随着经济全球化的推进，文化多样化深入发展，大学生对中国文化在世界范围内的影响力有了全新的认识，增强了中国特色社会主义文化自信。

三、市场经济带来的机遇

随着社会主义市场经济不断改革与发展，公平竞争意识、自由平等意识、民主法制意识等观念进一步深入高校大学生心中，社会主义市场经济使受教育者的主体地位明显提升，这些观念与意识逐步改变了教育者和受教育者之间的传统地位，使得师生之间的互动性得以加强，大学生分析与解决问题的能力得以提升，他们有更多的机会把理论与实践相结合，教育者和受教育者共同参与度提高，有利于更好地开展思想政治教育。

社会主义市场经济有利于增强师生之间的互动。在社会市场经济地位没有确立以前，尤其是在计划经济时代，思想政治教育方法较为单一，主要是教育者向受教育者灌输理论，受教育者处于被动地位，教育者和受教育者之间的地位不对等。市场经济中的平等、自主、参与、竞争等意识深入人心，当代大学生主体地位意识显著增强，受教育者在学习中更愿意突出自己的地位，更希望与教师展开互动，更乐于把自己的观点在课堂上进行分享，在教学活动中，学生的参与性、积极性、需求性也较高，思想政治教育的第一课堂和第二课堂变得更加活跃，这些都增强了思想政治教育的实效性。

社会主义市场经济为大学生提供了理论与实践相结合的机会。随着市场经济的发展，经济越繁荣，大学生越有机会参与市场经济实践活动，在市场经济参与过程中，大学生能够获得大量的学习素材、资料、案例，课堂理论和社会实践相结合，二者相互作用、相互影响。在课堂学习中，大学生能够思考社会中的各类现象和问题，在社会生活中，有更多机会把课堂所学知识运用到对现象的分析、对问题的解决上。不仅如此，社会主义市场经济发展还提升了大学生分析与解决现实问题的能力，大学生作为受教育者，除了在校园内获得理论知识外，还从与其他公民交往中获得了生活经验、工作技巧等。总之，市场经济发展使得大学生积极参与市场活动的意识显著提高，他们分析与解决问题的能力得到整体性的提升。

社会主义市场经济为高校思想政治教育提供了物质基础。高校思想政治教育活动作为教育活动的有机组成部分，需要赖以生存和发展的物质基础，经济越发展，生活水平越高，大学生越有信心学习和参与思想政治教育活动，对国家制度、党的政策认可度越高，思想政治教育效果越佳。反之，如果经济发展停滞不前、持续下滑，生活水平得不到保障，就业率低，失业严重，大学生就没有动力和信心学习及参与思想政治教育活动，思想政治教育活动开展的效果就会越来越差。社会主义市场经济的发展极大丰富了社会物质产品、精神产品，增强了大学生对生活的信心和对未来共产主义美好社会的向往，社会主义市场经济发展为思想政治教育创造了不可或缺的物质基础，其创新驱动等因素，为思想政治教育活动带来了新的生命力。

四、科技革命带来的机遇

新科技革命使获得信息、接受教育、传播文化更加便捷，大学生使用互联网了解世界，思想政治教育工作者借助科技手段开展工作，新科技革命为高校思想政治教育提供了前所未有的发展机遇，从空间和载体上得以拓展，给思想政治教育带来深远的影响。科技成果的广泛使用创新了思想政治教育教学的手段。高校思想政治教育活动作为一种实践活动，与其他任何社会实践活动一样。工具的创新、手段的更新为思想政治教育活动提供了便捷途径，从而提升了思想政治教育的时效性、实效性。科技革命从理论到实践的转化，最终通过生产活动创造出人们所需的商品，如课堂所需要的各类多媒体设备、个人计算机和移动终端设备，以及可以为教学服务的各类网站。微信、抖音等正在快速发展，为高校思想政治教育教学提供了极其便利的手段，极大地改变了传统板书、课本的讲授方式。新科技不断融入高校思想政治教育工作中，大数据提供了智能化的思想政治理论课教学，虚拟现实技术为大学生提供了诸如"重走长征路"等虚拟现实体验。新的技术将各类教学文字、图片、音频、视频展现给学生，在最短的课堂时间里传输出最大化的教学内容，这些教学内容在高校思想政治教育活动中呈现出生动、直观、交互等特征，深受学生喜爱，增强了思想政治教育的时效性、针对性、灵活性，创新了思想政治教育的手段，与当前高校思想政治教育发展的新情况、新形势相融合。互联网的创新发展丰富了高校思想政治教育的新载体。互联网新科技的发展和应用为大学生政治参与提供了载体，开辟了渠道。

科技发展带来物质生活条件的改善、劳动方式的改变，使公民科学文化素质和参政能力普遍提高，并有充足的时间参与政治生活。互联网科技革命的快速发展，催生了网络论坛、网络贴吧、QQ、抖音、微信、App 等，这些平台均是当代大学生网络活动的场所。人们会经常看到某篇在微信朋友圈广泛传播的文章阅读量超过 10 万次，这些文章内容包括社会评论、政治见解、经济分析、热点探讨，这些表象印证了大学生有更多的机会获悉不同的政治知识与见解、各类新旧思想观念、各类角度的分析和评论。互联网不仅提供了传播下载平台，还提供了输入上传入口，大学生有机会发表个人的政治见解以及对各类事件的看法。

科技生活方式的变革拓展了高校思想政治教育的新空间。互联网科技促使大学生形成一种新的学习与生活方式，改变了他们之间的交流方式与互动关系。它使得每一个个体都能够与其他个体相互关联，通过交往与结合，个体的力量变得更强大。在互联网时代，社会就像一张无形的网，将每个个体、组织、集团都纳入其中，且能够保持有序、高效、低成本运行。互联网时代的特征被概括为大数据、跨界、高效、创新、信息共享。思想政治教育随着互联网触角的移动，深入社会各个领域，波及社会各个阶层。互联网所能达到的地方，就会有思想政治教育活动的身影。随着移动互联网的快速发展，人们通过一部手机在手掌上即可观看各类新闻资讯，通过关注主流媒体或报刊的电子版、微信公众号、移动客户端，就可以看到时政快讯、时事评论，这些在互联网深入千家万户之前是不可能实现的，因而思想政治教育活动得以拓展空间，大学生得以实现政治认知与参与。在新科技革命催生的互联网尤其是移动互联网时代，一种新的生活方式在不断地拓展思想政治教育的空间，使得思想政治教育效果得到了质的飞跃。

可见，新科技革命给思想政治教育的发展提供了历史新机遇，无论是互联网、数字化在推动受教育者自身素质的提高方面，还是使得教育者能够借用新科技革命成果开展思想政治教育活动的便利方面，或是科技革命在创新思想政治教育手段、丰富思想政治教育载体、拓宽思想政治教育空间方面，它都以一种不可估量的力量推动着思想政治教育活动向前发展。

第二节 高校思想政治教育面临的新挑战

一、经济全球化对高校思想政治教育的挑战

经济全球化为我国加快高等教育改革与发展提供了契机，但对高校思想政治教育工作自身也带来了许多冲击和挑战，主要表现在如下几个方面。

（一）对高校思想政治教育工作目的的冲击

从思想政治工作自身的发展历程看，我国的思想政治工作创始于战争年代，

发展于社会主义建设中,探索在经济全球化背景下的社会主义市场经济进程中。高校思想政治教育工作的目的从"培育革命性"到"培养社会主义事业的建设者和接班人"没有什么太大的变化,只是表述方式不同,但核心思想是一致的,即我国高校的思想政治教育具有鲜明的政治性和思想性,始终把引导学生确立献身中国特色社会主义事业的政治方向放在首位,要求每一名大学生在具有一定的专业知识的同时更应具有强烈的思想政治意识,坚定的政治立场。但在经济全球化背景下,对我国各类高校的思想政治教育工作都做这样的要求,在实践中能否实现呢?随着经济全球化的发展,高校的办学模式发生了巨大变化,中外合资办学已成为一种外资进入我国教育市场的基本方式。同时,不同背景下成长的学生必然具有不同的学习动机,中外教师的相互交融对学生势必产生不同的影响,这些在新时期应该是高校思想政治教育工作所面临的挑战。

在新时期,只有明确了高校思想政治教育工作的目的,才能在经济全球化、经济市场化的背景下与时俱进地开拓思想政治教育工作新局面,消除大学生思想政治教育工作在市场经济建设中失灵的困惑。因此,新时期在高校思想政治教育工作的目的这个问题上应该解放思想、实事求是。思想政治教育工作的目的可以理解成一个多层次的概念,对不同的学院、不同的学生有不同的要求。要将思想政治教育工作的政治功能与思想教育功能相区别。思想政治教育工作的政治功能是激发大学生参与政治活动的热情,引导他们坚定政治立场,从而提高政治敏锐性和参政能力,树立为正义、为祖国献身的意识;思想政治教育工作的思想教育功能则必须建立在一定的机制基础上进行,发挥引导、促进和保障的作用。具体来说,思想政治教育工作的目的可以分为三个层次:第一层次是教育学生爱国,第二层次是教育学生爱社会主义,第三层次是教育学生爱中国共产党。对不同对象实施不同重点内容的教育将有助于思想政治教育工作目的的实现。

(二)对高校思想政治教育工作内容的冲击

传统的高校思想政治教育工作内容的主要弊病是就马克思主义基本原理进行灌输式的教育,重形式轻效果,极易给人产生一种"假、大、空"的感觉。事实上,思想政治教育工作到现在也没有被准确定位,没有真正形成一门完整的系统学科,其理论是动态变化的,没有形成自己的边缘。这是经济全球化中高校思想政治教育工作的又一严重挑战。

理想信念教育是高校思想政治教育工作的核心内容。理想信念教育最根本的是坚持和巩固马克思主义在高校意识形态领域的指导地位,不断用马克思列宁主义、毛泽东思想、邓小平理论、"三个代表"重要思想、科学发展观和习近平新时代中国特色社会主义思想武装全体师生，是保证高校坚定社会主义方向的根本思想基础。

二、社会转型对高校思想政治教育的挑战

思想政治教育是社会的一部分，社会变化决定了思想政治教育的变化。随着传统社会向现代社会的转变，思想政治教育也会发生转变。社会转型在本质上是社会结构的转型，同样社会结构转型促使思想政治教育结构转型。思想政治教育转型的核心是思想政治教育结构转型。

（一）思想政治教育本质上是社会结构的改变

依据社会学社会转型理论，社会转型本质上是社会结构的转变。思想政治教育现代转型不仅有发展变化，还有结构性的转变。改革开放以来高校思想政治教育得到很大发展，取得十分可喜的成果，但这种转变远远跟不上社会对高校思想政治教育的需要，远远跟不上高校思想政治教育面临的巨大挑战。长期以来，高校思想政治教育远远不能适应社会的变化，难以从社会挑战中走出来，这与高校思想政治教育转型滞后有很大关系。高校思想政治教育必须自觉地推进某种转型，使之迅速跟上时代变化和社会转型，实现高校思想政治教育的主动性。

（二）社会结构转型促进了思想政治教育转型

改革开放以来，随着社会条件的变化，高校思想政治教育不断进行改革创新，努力适应社会环境及自身工作的需要，逐步得到创新、发展和加强。自2004年中共中央、国务院发出《关于进一步加强和改进大学生思想政治教育的意见》以来，高校采取一系列措施，从学科建设到队伍建设，从课程建设到师资培训，从制度建设到机构设置，使大学生思想政治教育得到了明显加强和改进。但就社会环境而言，高校思想政治教育面临着新的挑战，有些情况甚至比以往更加严峻。

例如，高校在开展思想政治教育时，实际效果受到很大的减损，这与缺乏必要的社会舆论与社会文化心理的支持有很大的关系。显然，高校思想政治教育需要相应的社会文化生态，只有社会子系统领域开展思想政治教育，与社会大系统领域的思想政治教育文化做到相互呼应，才可能实现思想政治教育取得良好效果。改革开放前，思想政治教育之所以有较好的效果，重要原因在于单

位思想政治教育活动与社会政治文化形成一体，内外相互增益。在开放的社会环境中开展思想政治教育活动，这种增益很有必要，而事实是这种增益在弱化。

考察全社会，存在着两种思想政治教育：一种是以思想政治教育名义开展的思想政治教育，另一种是不以思想政治教育名义开展的思想政治教育。我们经常说，思想政治教育学科、专业、专职人员是中国特有的，具有中国特色。

改革开放以来，为了适应社会主义现代化和社会主义市场经济发展，推进思想政治教育的改进，思想政治教育工作者提出了诸如转变论、创新论、发展论、改革论、加强论、改进论、现代化论、科学化论等理论，对思想政治教育现代化、科学化进行了广泛探讨。世纪之交，张耀灿等撰写了《现代思想政治教育学》专著，共出两版。郑永廷提出了"现代思想道德教育"的概念，并从现实和理论角度进行了分析，提出了"从传统思想道德教育向现代思想道德教育转变"的任务。郑永廷指出："我们系统研究思想道德教育的改革发展，研究传统思想道德教育向现代思想道德教育的转变，掌握现代思想道德教育的规律和本质特征，既是推进社会主义现代化建设事业发展的迫切需要，也是发展思想道德教育和思想政治教育学科的要求。"

（三）思想政治教育转型的核心是思想政治教育结构的转变

社会转型是社会结构的转变，思想政治教育的现代转型同样是思想政治教育结构的转变。思想政治教育结构本身是一个需要探讨的课题。思想政治教育结构包括外部结构和内部结构两部分。思想政治教育是做人的工作、做人的思想的工作。这类工作不只是思想政治教育在做，其他社会活动，至少与人有关的社会活动都在做。有人的地方就有思想政治教育，人人都是思想政治教育的对象，人人都是思想政治教育者，思想政治教育者分为专职人员和兼职人员等。在计划经济体制条件下，思想政治教育由党委来做，而党委宣传部门又是思想政治教育的专门管理部门，全社会思想政治教育具有主体单一性和活动统一性的特征，构成思想政治教育的单一格局。思想政治教育要素之间的关系也在调整。一方面是分化，整体性结构（要素）分化为功能分工明显的结构（要素），如对象、内容、机构，不同领域、不同层次、不同对象、不同内容的思想政治教育有了区分，不同层次、不同范围、不同对象、不同目的、不同任务，以及不同的地域、机构、社会组织的思想政治教育有了明显的区别。另一方面是调整，思想政治教育结构（要素）在思想政治教育系统中的地位和作用发生了变化。从思想政治教育整体形态来看，思想政治教育知识已经由经验形态向科学形态转变，思想政治教育的学术性、科学性、现代性初步呈现，思想政治教育的科学性更加彰显，思想政治教育正在由传统形态向现代形态转变。

上述情况表明，思想政治教育必然要发生转变，而这种转变不是简单的变化和发展，而是转型。思想政治教育现代转型，一方面从思想政治教育与社会的关系来看，思想政治教育是社会的一部分，思想政治教育系统是社会系统的一个子系统，社会结构改变，思想政治教育必然会发生改变。反之，思想政治教育不改变就会受到来自社会其他方面的压力，甚至被社会淘汰。另一方面思想政治教育自身也是一个系统，是结构性的组成。思想政治教育在社会转型影响下改变，必然促使思想政治教育结构的改变，也必须是思想政治教育结构的改变，若没有达到结构的改变，思想政治教育工作仍然不能适应社会，思想政治教育所受到的挑战或压力就得不到解除。思想政治教育者应主动认识和推进思想政治教育现代转型，用现代思想政治教育发挥思想政治教育的作用，为社会提供智力支持、精神动力、思想保证和文化条件。

思想政治教育现代转型伴随着社会现代化而产生，社会现代化属于社会变迁。社会变迁有两种类型：一种是发展性变迁，另一种是转型性变迁。在发展性变迁情况下，社会变化基本上是由于社会变革所带来的显著、巨大的经济增长与发展所引发和促成的，是伴随着人们物质生活的不断充裕与富足而得以实现的，表现在生产要素的更新和生活方式的转变方面，诸如技术的更新与传播、贸易与市场的扩展、人们的自主流动以及社会的不断开放，发展性变迁更多的是一种自在自为的社会过程。在转型性变迁情况下，社会变迁的根本成因在于社会结构和制度的转变与更新，在于各种社会关系和社会规则的整合，表现在社会资源的占有与分配、权力声望和身份地位的社会构成的变化，尤其体现为价值意识即人的意识参与社会转变的社会过程。社会的转型性变迁不仅是改造社会原有的社会组织格局，更是重新构建起新的社会组织格局，从而实现从旧秩序社会通过转型走向新秩序社会的变迁。这种社会变迁将是深刻的具有根本性的变革，它所带来的影响也是广泛和深刻的。思想政治教育现代转型属于转型性变迁，会带来非常深刻的变化。对此，我们应有预见和准备。

第四章 高校思想政治教育的教学优化

高校的思想政治教育关系着高校学生的未来发展方向，因此，高校的思想政治教育教学重点应放在培养和塑造大学生的人文修养与素质方面，应对大学生进行"三观"教育，即人生观、价值观和世界观的教育。应在此基础上，立足于我国国情和时代特征，改变传统的思想政治教育教学方式，与时代同步，与科技同步，用先进的、现代化的媒介和手段，进行深入的创新性教学，优化教学内容、教学方法、教学模式。

第一节 高校思想政治教育的教学内容创新

高校要从大学生实际出发，根据思想政治教育的教学要求，对思想政治教育的教学内容进行科学建构。创新是一个民族的灵魂，是一个国家兴旺发达的不竭源泉。高校思想政治教育的旺盛生命力也在于它的与时俱进的创新性，高校思想政治教育的教学内容也要针对现实情况不断创新。

一、思想教育内容的创新

（一）思想教育内容的新变化

思想教育是高校思想政治教育工作中的首要任务，它主要是进行世界观和方法论的教育，是为了解决大学生的主观思想与客观实际相符合的问题的教育。高校思想政治教育能使大学生树立正确的世界观，正确地认识客观世界。现阶段高校要加强思想教育的关键是运用习近平新时代中国特色社会主义思想武装大学生的头脑，巩固社会主义意识形态的主导地位。

在新的时代背景下，思想教育的内容在继承传统思想内容精华的基础上又有了新的变化。马克思主义的唯物论和辩证法是科学的世界观与方法论，是人类认识和改造世界最为根本的武器，在任何时候都是不能丢的。特别是在高校，我们要广泛地宣传它的基本原理和基本观点，帮助和引导大学生划清唯物论与唯心论、科学与迷信、文明与愚昧的界限，增强识别和抵制各种伪科学的能力。

对大学生进行科学知识教育，形成科学思想，弘扬科学精神，培养科学方法。就是在对大学生进行思想教育的过程中，加强科学知识教育，积极地弘扬科学精神，培养科学的思维方式。进行科学知识教育可以帮助受教育者树立科学的世界观，特别是自然观，正确处理人与自然的关系。社会科学可以帮助受教育者树立正确的社会结构观和社会发展观，思维科学可以帮助受教育者形成科学的思维方式等。总之，科学知识教育是用于回答关于世界的本质和规律的问题，即世界是什么。思想教育过程中加强科学知识教育，使受教育者具有接受其他教育的基础和条件，因为他们首先要解决世界观的问题。由于受教育者的个性化的特点，受教育者世界观发生错误的原因也是多样化的。有些大学生，他们缺乏的不是科学知识，而是一种对科学知识的创新精神，缺乏对世界奥秘的不断探索的勇气，即科学精神的缺失。科学精神的灵魂就是创新意识。对于世界本质及人自身的认识，都需要有科学的态度，具备科学精神。所以，高校学生在认识世界及人生时还需有一种科学的思维方式。科学的思维方式是人们认识事物的条件和前提。

（二）思想教育内容变化的特点

思想教育是我国社会主义现代化建设的重要保证。新时期的思想教育内容要紧扣时代脉搏，具有鲜明的时代特征。我国的思想教育以马克思主义的世界观为主流意识形态。在认识和改造世界的过程中，坚持以辩证唯物主义与历史唯物主义为指导。思想教育是解决人的思想上的根本问题的。思想教育的内容应具有与马克思主义基本原理同样的与时俱进的品质，具有鲜明的时代特征。所以高校思想政治教育内容必须与时代同进步，才有助于更好地坚持以马克思主义为指导。马克思主义诞生在170多年以前，它之所以能成为人们行动的指南是因为符合当时的实际情况，是科学的。虽然当今世界已发生了巨大的变化，我们仍需坚持以马克思主义为指导，理由是马克思主义不仅是符合客观实际的，而且是伴随着客观实际的发展而发展的，有着强大的生命力和广泛的影响力。我们应当坚持以马克思主义基本原理为指导，在指导思想上反对搞多元化。我们要做到"坚持"和"发展"相统一，一切从发展变化着的时代、形势和实际情况出发。这样大学生中一些落后的、不合时宜的思想就会被清除。

发展中求稳定、创新中求真理也是思想教育内容变化的特点。如前所述，思想教育内容必须具有时代性，但这并不意味着思想教育的内容是一天一个样，三天大变样。思想教育的内容还需讲究稳定性和真理性,思想教育内容的创新并不是一味地求新颖,而是必须坚持马克思主义的一些基本原理和观点,对于思想教育内容的创新应是在朝着对原有理论做出真理性探求的基础上去发展的。现阶段,我们是坚持以建设中国特色的社会主义事业教育全党、全军和全国人民的。之所以坚持它,是因为它是对马克思主义基本原理的发展,在一个相当长的时期内,我们要用它来教育一代人甚至是几代人。

二、道德教育内容的创新

(一)道德教育内容的新变化

道德教育主要是进行行为规范的教育,内化道德规范,形成道德观念,发展道德判断,培养道德情感,养成道德行为,提高道德素质。因此,要加强以为人民服务为核心、以集体主义为原则的社会主义道德教育,使高校学生树立与社会主义市场经济相适应的道德观念和道德行为。道德教育的实质是养成教育,所以,进行道德教育的重点不是认知道德规范,而是内化道德规范,提高道德自律力。在现阶段,道德教育在原有内容基础上应建立适应市场经济的道德观念,如注重加强职业道德教育,构建诚信的社会环境;市场经济条件下如何正确处理公平和效率、个人和集体的关系。如何建立与现代科学发展相适应的伦理规范,如加强网络道德建设和生态伦理道德建设等。

经济生活的变化改变着大学生的思想观念和道德观念,道德教育的内容对传统道德进行了改造,同时也注入了新的规范。随着现代社会分工的发展和专业化程度的增强,市场竞争日趋激烈,整个社会对从业人员职业观念、职业态度、职业纪律和职业作风的要求越来越高,因此,在职业道德原有的基础上要大力倡导以爱岗敬业、诚实守信为主要内容的职业道德教育。诚信问题日益变成我国经济发展与社会进步的重要指标和广大人民群众谈论的焦点。所谓诚信,即诚实、诚恳、信用、信任。它包括两层含义:一是要以信用取信于人;二是对他人要给予信任。只有忠诚老实,诚恳待人,才会取得信任;只有讲信用,才会有信誉。诚实守信,是为人处事的基本准则,也是中华民族的传统美德。这一点在大学生群体中更应有所体现。在现实生活中,对于爱国守法等道德规范,一般来说大多数人都能自觉做到,但对于明礼、诚信,特别是诚信,恐怕就不能够完全达到要求。因此,加强大学生道德建设,要紧紧抓住"诚信"这个重点,不断夯实大学生的道德信誉基础。历史证明,不讲信誉的人是没有前途的人,不讲信誉的社会是混乱的社会,不讲信誉的国家是没有希望的国家。诚信原则，体现了加强大学生道德建设的本质要求，必须贯穿于大学生道德建设的整个进程。

诚信是个人与社会、个人与个人之间相互关系的基础性道德规范，也是市场经济领域中一项基础性的行为规范。从大的方面说，没有了诚信，人们的经济生活、政治生活、社会生活就失去了基本的维系和支撑；缺少了诚信，经济发展和社会进步就缺少了前进的动力和可靠的保证。诚信是社会主义市场经济健康发展的需要。市场经济从运行机制上讲是一种契约经济，从法律层面来看也是一种法制经济。各市场主体之间、生产经营者与消费者之间、员工与企业之间、高校与大学生之间等都要在规定的范围内承担自己的责任，履行自己的义务，享受自己的权利。如果大家都视契约或法律法规为儿戏，不诚实、不守信，人们的工作、学习、生活就无法正常进行。举个例子来说，我国加入世界贸易组织后对于各级政府、各级组织、各类市场经营主体和广大高等院校来说，首要的任务是了解熟悉掌握世界贸易组织规则，并且恪守规则，践行承诺，不断修改完善法律法规和有关政策，建立起良好的经济秩序和社会环境。而很重要的一个方面就要诚实守信，如果不诚实守信，我们就无法同国外企业和经济组织打交道。这些现实都是高校大学生应有所领悟和深思的。诚信是实施依法治国与以德治国方略的需要。道德与法律同属行为规范的范畴，二者虽有区别，却也相互作用、相互补充。法律约束与道德约束相比，法律是强制性的、低层次的、既定范围的，道德是自律性的、高层次的、更宽范围的。在现实生活中，只有法治与德治并举，才是治国安邦的根本之策。而无论是法治还是德治，都必须以诚信为本。法律法规是要靠人去执行、实施的，是否违法及违法到何等程度应予以什么样的惩处都要靠人去裁定。执法是否公正涉及执法者的职业道德问题、法治的环境问题、法律制度的信誉问题。

大力倡导诚信道德规范，营造守信用、讲信誉的良好社会环境，主要包括三方面。

第一，坚持思想教育与制度建设并举。

一是要把诚信道德规范的主要内容、重大意义和基本要求灌输到高校大学生的头脑中去，这是家庭、学校、单位和各级各类组织的共同责任。二是要区分层次，结合实际，突出重点，也就是要解决好针对大学生的诚信教育"教什么"和"如何教"的问题。不但要讲清楚是什么，更要说明为什么，晓之以理，动之以情，以达到引导大学生牢固树立诚信观念、强化诚信意识、遵循诚信道德规范的目的。三是要注重加强制度建设。要结合实际把诚信道德规范的内容和要求细化、深化、具体化，并纳入各部门、各学院（系）的管理制度之中，充分发挥制度的规定、惩戒、引导和警示预防作用。同时要认真总结实践中好的做法和经验，并以制度的形式固定下来。

第二，高校党员干部特别是领导干部要率先垂范。大力倡导诚信道德规范，这对党员干部特别是领导干部提出了更高的要求。

一是要坚持实事求是。说老实话，办老实事，当老实人，不弄虚作假，不做表面文章。恪尽职守，认真负责，不回避矛盾。坚持原则，从严治政，不搞庸俗作风，不怕得罪人。二是要清正廉洁，珍惜名誉。以人格的力量和高尚的道德情操树立威信，诚心诚意为学生办实事。三是要以身作则，身体力行。要求学生做到的自己首先做到，要求学生不做的自己坚决不做，为学生树立榜样，做诚实守信的表率，领导干部通过不断加强自身的道德建设来带动学生的道德建设。

第三，坚持倡导与治理相结合。

一是新闻出版、广播影视、文化艺术等领域要深入开展诚信道德规范的宣传，营造良好的社会舆论氛围。通过社会舆论的评价、褒贬、取舍，引导大学生把对诚信道德规范的认识转化为内心的信念，成为自身发展的理念，从而在全社会形成诚实守信的道德风尚。二是要综合运用法律、行政、管理等多种手段，依法从严、从重打击和治理经济活动中的各种欺诈行为，为各类市场经营主体创造一个公平的竞争环境，为社会经济的持续健康快速发展提供保证。

现代科学技术的发展在不断地扩大大学生的认知领域，在新的领域产生了新的关系，这些都需要有与之相适应的道德规范加以约束。互联网的建设就是当今世界范围内正在我们身边发生的一场声势浩大的科技革命，它将从根本上改变信息生产、传播方式，同时必然带动社会整体的变迁，由于计算机网络的显著特点及其对人类生活的深刻影响，在我们充分利用其带来的便捷的同时，要抵御其负面效应，大力进行网络道德建设，在改革开放和新科技革命形势下加强社会主义精神文明建设，就显得特别重要和紧迫。

网络道德建设是一项复杂的系统工程，它除了需要领导者的重视和正确的观念指导外，还需要人力、物力和财力的协调与配合。高校应从以下几方面着手：把培养网络道德建设者作为网络道德建设的首要任务；把开展网上道德教育活动作为网络道德建设的关键任务；把建立道德教育网络体系作为网络道德建设的主要任务；把加强网络道德建设的理论研究作为网络道德建设的主导任务。网络道德建设者既要具有较高的政治思想素质，又要具有一定的科技意识和创新能力；既要具有道德建设的理论与实践经验，又要掌握计算机网络的基本理论并能熟练进行网络操作。

开展网上道德教育活动，是网络道德建设的关键任务。首先，要制作网上道德教育信息，实现道德信息共享。各网站要将本系统或本单位有关道德建设的历史、现状、问题及经验等信息公开，接受用户访问。其次，各网站可根据自己的人力、物力和财力设计富有特色的网页，向客体进行特殊的道德教育，如高校可开设心理咨询网页。此外，可在网上开展一系列丰富多彩的活动，如通过开展道德状况调研活动收集信息，通过开展道德讨论活动提高大学生的道德觉悟，通过开展道德教育经验交流活动提高道德教育效果。富有创造性地开展网上道德教育活动是网络道德建设成功的关键。建立道德教育网络体系是网络道德建设的主要任务。

在全球面临生态危机，人类的生存条件受到严重的污染时，人类开始反省自身与自然之间的关系。各国政府除用政治、经济、法律等手段来调整人和自然的关系外，思想政治教育工作者还用生态伦理道德来教育广大民众，爱护人类的生存环境。生态伦理道德是指处理人与自然关系的道德规范。其实，我国古代思想家在生态伦理方面建立了许多宝贵的思想，对解决21世纪的生态伦理问题和现代化建设有着重要的启迪作用。在中国的传统文化中，关于人与自然的关系，无论是儒家、道家还是佛家，都从来不把人和自然分开。中国古人关于环境道德的思想，都是很有远见卓识的，在保护环境的同时也十分注重发展经济。儒家从天地具有德性的立场出发，把天地视作母亲，看作生命的源泉、资源的宝库。中国作为一个农业大国，早已形成了一些重要的生态农学思想。人类的生产活动如果不注意对资源的保护，那就意味着失去了生存的根基。孟子以朴素生态系统的观点描述了牛山中林与山、人与木、兽与木、人与兽的生态画面，指出人的不适当的活动，会使草木繁茂的牛山变成无草木的荒地。古人的这些思想对今天的环境保护有着十分重要的意义。一方面，人类有必要重新认识生态环境资源，重建新的生存范式，重新规范人与自然的关系和利益分配，以生态优先的原则重新定位一些产业。另一方面，目前我国正在进行的西部大开发所面临的生态环境问题，就包括了生态环境的保护与建设两项，事实上，这种开发本身就是一项巨大的生态环境建设工程。

（二）道德教育内容变化的特点

社会道德个体化是道德教育的一个鲜明的特点。在我国几十年的道德教育进程中，大学生常常接受的是集体主义、社会主义和共产主义等教育内容，较强调职业道德、公民道德等个体道德的内容。随着我国由计划经济体制向社会主义市场经济体制的转变，经济活动由统一的围绕着一个目标的活动转变为分散的、个体的活动。

个体在经济中的重要性不断得到加强。与经济基础的变化相适应，在道德建设的过程中，中共中央、国务院印发了《新时代公民道德建设实施纲要》，大力提倡公民道德建设，开展职业道德教育，呼唤人与人交往的诚信守诺，平等待人。道德教育的内容经历了从社会的整体道德向个体道德的转化。只要每个大学生自觉遵守公民道德，按照《新时代公民道德建设实施纲要》严格要求自己，我们的社会道德、社会环境都将取得极大的改善。社会道德的个体化是道德教育发展的基本规律。道德教育过程就是把社会道德内化、规范化，使个体养成道德意识，自觉遵守道德规范。

道德教育内容调节的范围从只注重调节人与人的关系到既调节人与人的关系又调节人与自然的关系的转化也是道德教育内容变化的一大特点。我国传统伦理道德认为，道德处理的是人与人之间的关系。只有人及其相互之间的行为才可以称为道德或不道德，与物无关。近代以来的道德教育冲破了传统的禁区，人与物的关系也被纳入了道德范围，"敬畏生命"成了人类的道德共识，所以道德教育的内容经历了一个从人与人的关系向人与物的关系扩展的过程，即道德教育的内容不断扩大，生态道德、网络道德等道德研究的新课题展示了研究人与物的关系的重要性。高校思想政治教育工作者也要适应新形势、新变化，不断扩大自己的知识面，使思想政治教育工作不断深入，并在这个过程中找到自己的坚实基础，不断寻求新的理论生长点。

三、心理教育内容的创新

高校心理教育是对学生进行有关心理健康方面的知识性教育、咨询性教育和良好的行为训练，主要目的在于培养学生良好的心理素质，提高他们的身心健康水平，培养学生坚忍不拔的意志、艰苦奋斗的精神，提升他们适应社会的能力，促进大学生全面和谐发展。将心理教育纳入我国高校思想政治教育，是我国高校思想政治教育改革的时代要求和现代社会发展的历史需求。现阶段我国高校心理教育的重点是，对大学生进行心理健康教育和指导，提高受教育者的心理健康素质，使受教育者形成良好的个性、健全的人格、健康的情感、乐观的心态、坚强的意志，特别是要增强受教育者在激烈的竞争中勇于进取、不怕挫折、自强自立、艰苦创业的意志品质和能力等。

（一）心理教育内容的新变化

心理教育主要是提高受教育者心理素质的教育。在改革开放和发展社会主义市场经济条件下，由于竞争机制强化，变化节奏加快，学习、工作、生活的紧张度增强，大学生的心理压力也日益加大，一些人缺乏应有的心理承受能力，难以承受过重的心理负担，有的甚至产生了一定的心理疾病。因此，在社会实行全面改革开放和建立社会主义市场经济的背景下，有必要对受教育者进行心理健康教育，使之形成良好的个性、健全的人格，增强其在激烈的竞争环境中处理人际关系的能力，养成良好的生活习惯。

开展心理健康教育，提高心理调适能力。社会变革首先会影响大学生的心理，使他们产生一定的压力，而大学生面临压力，只有学会驾驭，才能保持心理健康，适应变革的环境，减少对变革的抵制。高校要有组织、有计划地开展心理测验与调查、心理咨询和辅导、心理讲座等，让个体了解认识自己的个性特点和学会对自己所处的情境做积极的控制和评价，形成对情境的理智反应，避免单纯依靠个体的心理防卫机制对压力情境做混乱而无效的解释与应对；让个体在压力情境中客观地分析和评价自己，正确定位，采取积极的认知，更多地看到自身的长处和优点，增强信心；让个体能够全面地审视自己与情境的多种关系，在立足自身优势的前提下，敢于面对自己的弱点，强化自我管理、自我教育，清除存在的问题。

人际关系具有人际协调功能，在现代社会，要想取得事业的成功，就要善于与人合作，能组织、协调各种力量，调动各方面的力量。人际关系是指人与人之间由于交往而产生的一种心理关系，它主要表现为人与人之间在交往过程中关系的亲密性、融洽性与协调性等心理方面联系的程度。人总是在一定的社会群体中生活，在不断的交往中从事工作、学习和其他社会活动。人际关系包括正式的组织中的人际关系与自发的非正式组织的人际关系。人际关系状况如何，对完成活动的任务、对集体的形成和巩固、对人的全面发展和社会的全面进步都有深刻的影响。人际关系具有获得信息的功能，人必须通过交往建立良好的人际关系才能以各种方式迅速地获得信息。人际关系还具有自知、知人的功能，人贵有自知之明，即具有成熟的自我意识；人的自我意识并不是自然而然地成熟的，而是通过交往，在与别人的相互作用中逐步成熟起来的，以他人为镜，在与别人的比较中认识自己、调整自己，并认识他人，积累和丰富人生经验。人际关系也具有身心保健功能，人作为一个社会成员，有着强烈的合群需要，通过相互交往，诉说个人的喜怒哀乐，就会引起彼此间的情感共鸣，从而在心理上产生一种归属感和安全感。

为了优化人际关系，必须对大学生进行优化人际关系的策略指导，这种指导工作应从四方面入手。首先，要调整认知结构。大学生对人际关系有一种积极的、全面的、正确的认知是优化人际关系的基础，反之，对人际关系持消极、片面、错误的看法将成为一种定势而消极地影响人际交往。因此，应使大学生充分认识人际交往的重要意义，从而调整其认知结构，增强其交往的主动性和积极性。其次，要克服人际偏见。为了与他人建立和谐的人际关系，当然要先能正确地了解他人，而能否正确地了解他人取决于能否有正确的人际知觉。所以，使大学生消除认知偏见，将有助于他们正确地了解他人和在彼此间建立和谐的人际关系。再次，要加强个性修养。要拥有良好的人际关系，就要有良好的个性品质，因为个性缺陷往往是导致人际交往心理障碍的背景因素，甚至是本质因素，所以在心理教育工作中，应该使受教育者养成豁达大度、温和亲切、正直诚实、委婉含蓄的个性品质，这对于搞好人际关系至关重要。最后，要学习交往技能。处理人际关系是一种能力，也是一种艺术，它可以通过学习和训练来提高和培养。

生活方式是人的内在精神追求外化的结果和表现。一个精神文明的人必须把握健康的生活方式和习性，告别非健康的生活方式。这不仅是文明的象征，也是文明发展的内在要求。创建文明、健康、科学的生活方式，是全社会一项系统工程建设，需要做好多方面的工作。

首先，要深化体制改革，加强法制建设。完善的体制能够在深层次上制约和引导科学的消费，体制的不健全会成为消费行为扭曲的主要阻力，加强法制建设对文明健康的生活方式的建立十分重要。

其次，加强社会主义生活观念的教育和指导。人们的生活观念是生活实践的反应，反过来又影响着生活实践。正确的观念能够把生活主题引导到科学的轨道上来，反之则会使人误入歧途。当前，高校应加强大学生在社会主义生活观念上的宣传教育，使他们树立正确的生活观念。

最后，采取各种措施，加强组织领导和引导。要强化道德教育机制建设，道德是维系正常社会生活的基本手段，社会生活中出现这样那样的紊乱与一些人心目中伦理道德观念缺乏密切相关。因此，必须花大力气开展高校学生道德素质教育工作，把社会主义伦理道德的基本原则具体化、操作化，使之成为大学生的内在素质，从而促进文明健康生活方式的形成。

（二）心理教育内容变化的特点

心理教育内容有更强的针对性、指向性。在传统的思想教育中，往往只注重从思想上解决大是大非的问题，而忽略了受教育者的心理问题，在处理心理问题时往往是"一刀切"，用一般意识形态压制个人内心的种种心理活动，针对性、指向性不强，往往难以使受教育者得到真正的教育，使得高校思想政治教育的成本越来越高，监督越来越难，不能真正使外在规范内化。要改变这种状况，就要因材施教、因势利导，针对受教育者的不同心理进行不同的疏导，这要求思想政治教育工作者不断扩大自身知识面，特别是不断扩大心理教育方面的内容。

心理教育内容变化的另一个特点就是向纵深扩展，向外蔓延。在社会主义市场经济条件下，一方面生活工作节奏不断加快，对金钱追逐的不正当攫取的糟粕也同时影响一些人的价值观，于是在原有意识形态禁锢下脱身而出的人们展开了一场追逐财富的赛跑，这给人们的心理施加了相当大的压力。另一方面在社会主义市场经济中，经营主体是个人，组织松散，缺少一种安全感，所以人的心理特别脆弱，尤其是在长期实行计划经济体制下，人们非常容易产生对过去的眷恋之情。因此，需要不断充实心理教育的内容，不断扩大其范围，以解决在社会现实生活压力下造成的大量心理问题。

第二节　高校思想政治教育的教学方法改革

一、精神鼓励与物质利益结合的方法

马克思主义认为，物质利益是人类生存和发展的根本条件，人们的物质需要是人们进行生产和其他活动的基本动因，思想一旦离开利益，就会处于尴尬的地位。

（一）物质利益鼓励需要注意的问题

物质鼓励要与强调精神鼓励相结合。在革命战争时期，中国共产党在极其艰苦的条件下，领导中国人民进行了民主革命，夺取了政权。中华人民共和国成立以后，面对满目疮痍、一穷二白的现实，在物质条件极其匮乏的情况下，我们所进行的是独立、民主、富强的国家建设，中国共产党主要依靠的是马克思主义革命精神的激励力量，强调的是社会主义精神的鼓舞作用。社会主义市场经济使人们的利益意识增强，但在注意用利益杠杆调动人们的积极性、强调物质利益的时候，不能忘记精神的力量。因为，有时候只讲物质利益是不够的，物质利益本身具有不稳定性和两重性，没有革命精神和社会主义的精神状态，单纯地强调物质利益就会走向另一个极端。

运用精神鼓励与物质利益相结合的方法需要正确认识追求正当的个人利益与个人主义的界限。正当的个人利益是通过诚实劳动、合法手段获得的。个

人利益的追求要求从社会整体利益出发,在尊重集体利益的前提下追求个人利益;个人主义则是一切从个人出发,把个人利益摆在首位,甚至不择手段地损公肥私。

运用精神鼓励与物质利益相结合的方法需要正确处理好国家、集体和个人三者之间的关系。在社会主义社会,国家、集体和个人三者的利益从根本上是一致的,但是三者之间也存在着矛盾,解决的办法是统筹兼顾三者的利益,片面强调一方面,忽视或损害另一方面,都会破坏社会主义的利益原则。要坚持个人利益服从集体利益和国家利益、眼前利益服从长远利益、局部利益服从全局利益,这在高校思想政治教育建设中尤其重要。

运用精神鼓励与物质利益相结合的方法必须注意防止两种倾向:一种是片面夸大精神的作用,忽视受教育者的物质利益;另一种是用物质利益取代思想政治教育,这是当前的主要思想倾向,有人认为"千讲万讲,不如一奖",这样做的结果是从"精神万能"走到"物质万能"。

(二)建立思想政治教育的激励机制

激励即激发鼓励。激励的作用主要是使大学生充分发挥其积极性和能动性,从而保持学习的有效性和高效率。高校思想政治教育以转变大学生的思想、调动大学生的学习积极性为直接任务,重视强化对教育对象的激励机制。

建立激发机制的基础是满足大学生的实际需要,关心他们的实际利益。大学生在学习和生活中产生的思想问题大致有三类:思想意识上的错误、思想认识上的偏差、现实问题引发的思想问题。解决这些思想问题除了用科学的理论武装大学生的头脑、帮助他们克服各种错误的思想意识、用摆事实讲道理等解决大学生的思想认识问题之外,就是帮助大学生解决家庭生活中、人际关系中由于就业困难、同学失和产生的实际问题,这些问题解决了,思想问题也就迎刃而解了。

二、言教与身教结合的方法

在思想政治教育中,所谓言教就是运用马克思主义真理的力量说服群众、团结群众;所谓身教就是以自身的模范行为和人格力量来感化群众、带动群众。在高校思想政治教育中,言教与身教必须紧密结合,这样思想政治教育才能具有令人信服的力量。

中国古代先哲孔子曾说:"其身正,不令而行;其身不正,虽令不从。"就是说如果领导人本身行为端正,即使不发出命令、号召,他所管理领导的工作也会做得很好；如果领导人自己行为越轨，纵使他三令五申，也无人听令于他。可见，只有修己才能修人。

新时期，思想政治教育工作者不仅要通过言教向受教育者灌输思想理论和社会规范，更主要的是要以身立教，因为思想政治教育工作者的世界观、人生观、知识水平、品行表现以及对每件事物的态度，都对教育对象有着潜移默化的影响。思想政治教育工作者的身教之所以如此重要，还因为他们一般是具有良好思想政治素质和品德修养、有一定文化知识素养和良好身心素质，堪称社会楷模的人。他们如果能够在执行党的路线、方针和政策时垂范大众，就能带领高校学生贯彻执行党的路线、方针和政策；他们如果能够做讲道德和遵纪守法的模范，起表率作用，做到正直、公正、廉洁、诚信自律，就能在思想政治教育中赢得崇高的威信。坚持身教示范，是新时期高校思想政治教育取得良好实效的关键。

三、典型教育方法

（一）典型教育方法的含义

典型是指在同类事物中最具有代表性的，能表现和说明本质特征、发展趋势和规律的个别事物。它是理论的形象说明，是实践的理论化身。典型教育是发现、培养、总结、推广、宣传先进典型经验，发挥先进典型的示范引导作用，影响、带动大学生思想转化，促进、推动各种工作积极进行的过程。在高校思想政治教育中，典型教育方法是指通过典型的人或事进行示范，以榜样的力量引导大学生学习和效仿，提高大学生思想认识的一种教育方法。

（二）典型教育方法的依据

在典型教育中，一般来说，先进的典型具有强大的精神感染与激励作用，以及行为号召与带动作用。为什么典型教育能产生这样的效果？其理论依据是，在大学生的思想意识中，都具有效仿榜样的倾向，这种倾向来源于他们的模仿心理，模仿是人的本能倾向。人从孩提的时候就有模仿的本能，大学生最初的知识就是从模仿中得来的。模仿是由非强制性社会刺激引起的，是使个人再现某一过程的某种社会心理行为。宣传心理学有一个规律是，当个体感知别人的行为时，便产生了实现同一行为的愿望，随之而来的便是模仿的趋向。模仿便是榜样行为的感染力的影响使模仿者自觉或不自觉地发生与榜样者相似的行为。

(三)典型教育方法的环节

在高校思想政治教育中,典型教育方法一般有三个环节:选择典型、培育典型、宣传典型。选择典型就是在实际中注意发现、识别和选拔典型。选拔典型应该遵循的原则有三个。第一,真实性。典型的真实性是典型生命力的保证,唯有真实,才会使人感到可信、可亲、可学,从而产生赞赏、景仰的思想感情和激励仿效的动机行为。人为捧起来的或"造"出来的虚假的典型则违背了真实性的原则,只会产生恶劣的后果,诋毁典型教育方法的效果。第二,层次性。典型要符合高校教育对象的思想实际、职业特点、知识层次等具体需要。第三,时代性。典型人物要凝聚时代精神,反映时代风貌。在改革开放的条件下,应选择锐意改革的时代楷模。培育典型就是帮助、培养、提高、完善典型。宣传典型就是在认识上引导受教育者把握典型的精神实质,认识典型的价值,在与典型的对比中找到差距,引导广大学生向先进典型学习。

第三节 高校思想政治教育的教学模式探索

一、目前我国高校思想政治教育的模式

目前,我国的思想政治教育为适应社会的发展也处于调整过程中,这次调整是在我国经济、政治体制改革进一步深化和信息技术的冲击下进行的。这次调整才刚刚开始,远没有结束,但从现有的理论讨论和实践探索上,可以分析出一些当前我国高校思想政治教育模式改革的大致趋势。

我国高校传统的思想政治教育模式基本上是以理论为中心的,是一种比较强调外力与管理作用、注重系统灌输与集体教育的方式,它与传统计划经济基本相适应,遵循着一种行政运作方式:"我讲你听,我说你做。"因此,传统思想政治教育模式可概括为"经典理论—教师—学生"这样一个单向线性传播模式。

随着我国改革开放的深入,出现了所有制、分配方式、生活方式以及思想意识领域的多元化趋势,我国高校传统的思想政治教育模式已遭遇到市场经济和信息社会要求信息平等、自由传播的挑战。首先,需要教育者从根本上转变观念,形成与社会主义市场经济相适应的意识,这就要树立以人为本的意识。其次,消除对思想政治教育的误解,以单纯的政治教育代替德育,片面、简单化思想政治教育;以理想教育代替思想政治教育,脱离实际。此外,还要树立

整体思想政治教育观念，即要超越以观念养成、道德修身为主要内容的传统德育观念，形成融合政治参与、法律规范、心理调适等多种现代教育理念，包括思想教育、政治教育、道德教育、法制教育、心理素质教育五个方面的整体教育观念。

二、我国高校思想政治教育模式的主要特点

（一）党性强

我国高校思想政治教育的党性非常强，坚持党对思想政治教育领域的绝对领导权是我国高校思想政治教育模式的最大特点。在社会主义中国，思想政治工作是党的工作的一部分，加强党的领导是搞好思想政治教育的根本。高校建设作为我国社会主义事业的一部分，同样也不例外，因此我国高校都是实行党委负责制，并在校、系、年级、班、小组各级组织设立党支部，层层负责学生的思想政治教育工作。

（二）坚持马克思主义

坚持意识形态领域的马克思主义"一元论"、反对"多元论"是我国高校思想政治教育的一大特点。但坚持"一元论"并不完全否定或杜绝非马克思主义理论的传播，特别是在当今的网络时代，只有在对西方社会思想的分析、比较、鉴别后，才能使大学生树立科学的共产主义信念，掌握马克思主义的世界观、人生观。

三、新媒体视域下的高校思想政治教育模式

现代互联网络的发展，使得各类信息的传播速度极快，能迅速直达个体，如文字、图片、动画、语音、视频等能被及时传递，瞬间获得扩散。高校学生能够借助新媒体，最大限度地及时掌握全世界各地的信息。

同时，大学生通过网络还能满足各种个性化的需求，网络好似一个信息资源的超级市场，而新媒体用户不仅可以借助网络平台获取有价值的信息资源，开阔眼界、增长知识，而且可以分享、创作各类知识信息，使新媒体传播日益成为一种重要且十分便捷的传播手段。

新媒体教学的出现，改变了高校教师的传统教学模式，对学生的学习方式产生了影响。手机作为一种媒介，在新媒体时代发挥着不可替代的作用。当下

手机是每个高校学生的生活必备品，日常生活中学生几乎都是手机不离手。如果没有手机，学生的生活学习都会受到影响。这样的现实情况就为高校通过新媒体，尤其是以手机为代表的移动终端进行思想政治教育提供了必要条件，通过手机进行思想政治教育可以不受时间、空间的局限，尽可能地延长思想政治教育的时间，充分利用课余时间，将新媒体优势发挥到极限。手机成为高校思想政治教育的新媒介，学生不用聚集到一起，便可以利用自己的闲暇时光来进行学习，从而达到教学的目的。

第五章　高校思想政治教育的实践

高校思想政治教育的实践研究在高校思想政治教育工作中发挥着引领作用，它能够激发动力、协同创新、优化格局、夯实根基，促进高校思想政治教育向着更高水平、更高质量发展。

第一节　大学生生命教育

一、认识生命教育

1964年，日本学者谷口雅春鉴于唯物教育盛行导致的亲子、师生关系决裂，出版了《生命的实相》一书，呼吁生命教育的重要性。他认为实施生命教育，能有效弥补唯物教育所产生的缺失，因而促使了日本社会的变化。1968年，美国著名的演讲者、作家与人生导师杰·唐纳·华特士针对青少年吸毒、自杀等犯罪高发现象，承袭印度瑜伽大师雪莉·阿南达·摹提吉的精神，出版了《生命教育》一书，首次明确提出了生命教育的思想，并在美国加利福尼亚州创办了"阿南达村"、阿南达学校，倡导和实践生命教育的思想。

20世纪80年代，生命教育被逐步推行开来。到了90年代，美国、澳大利亚、英国、日本、新西兰等国家和我国的香港、台湾地区开始竭力倡导生命教育，生命教育大规模地展开。进入21世纪，生命教育已成为遍及全球的教育内容。一些国家和地区在小学或中学阶段实行生命教育，也有一些国家和地区在高中或大学阶段实行生命教育，各国家或地区因实际情况而异。

生命教育的内容包括三方面。第一，生存意识的教育，即正确理解生命、生存和生活的内涵，也就是尊重生命、珍惜生命的教育，具体又包括生命安全的教育、生活态度的教育以及死亡体验的教育。第二，生存能力的教育，主要在于对环境的适应能力以及安全防范和自救能力的提高。第三，生命价值升华的教育，要重视培养大学生端正人生态度，如认真生活、快乐学习和工作，还要注重大学生的审美教育,让大学生在审美的过程中体验人生的价值和意义。

20世纪90年代,随着我国素质教育的全面实施,倡导以人为本和尊重、关心、理解、信任、发展人的个性已成共识,实际上,生命教育在我国就此提上了思想政治教育日程。2004年,党中央、国务院针对加强青少年思想道德建设、开展青少年生命教育提出了明确要求,做出了全面战略性部署,号召要把生命教育作为思想道德建设的重要载体,科学有效地实施生命教育活动,并将生命教育纳入全民素质教育内容中。在各级党和政府特别是教育部门的重视下,各种有关促进以青少年生命健康成长为主题的活动轰轰烈烈地开展,并取得了许多可喜的成绩。上海、辽宁、江苏、四川、山东、黑龙江、吉林等省市富有创造性地开展了生命教育科研、教学实践、教材编制、教学大纲试行等活动。我国生命教育已经形成了政府主导、民间参与、社会各界积极配合的态势。

生命教育属于思想政治教育的范畴,然而在我国的高校思想政治教育工作中对其进行得还不够充分。随着我国市场经济体制的建立和迅猛发展,近年来,大学生在学习、就业、人际关系等方面出现了众多问题,大学生心理问题日渐凸显,引起高校对生命教育的高度重视。那么,如何有效地在大学生中开展生命教育,既是落实以人为本的科学发展观和构建社会主义和谐社会的必然要求,也是学校教育特别是高校思想政治教育的一项崭新课题。在高校大学生中开展生命教育,其内涵是帮助大学生认识生命、尊重生命、欣赏生命、珍惜生命,探索与认识生命的意义,尊重和珍惜生命的价值,提高生命质量,创造生命价值,并将自身融入社会主义现代化建设事业之中。

二、大学生生命教育的实施措施

(一)建立学校、家庭沟通联系制度,为大学生创造良好的生命教育环境

新生入学时,学校应建立与家庭沟通联系制度,及时了解学生的家庭情况和中学时的表现。同时,通过这个联系制度,家长可以定期了解子女在校的学习情况和其他表现,寒暑假期间,学校也可以更好地掌握学生假期的情况和家长的反馈意见。如果学生遇到困难,学校和家庭可以给予他们更多情感关怀和理性引导,为大学生健康成长创造良好的生命教育环境。

(二)将生命教育思想融入各学科

生命教育,整体内容广泛,单纯依靠独立的生命教育课程是无法完成的,所以高校既要开设相应的生命教育课程,更要把生命教育思想渗透到各学科教

学中。教学中需要尊重学生的主体地位、关注学生的情感需求、协助大学生体验其生命价值,在潜移默化中影响大学生的生命意识,关注他们的学习、生活,使其形成正确的人生观、价值观,引导大学生寻找化解矛盾的正确途径,关怀大学生,让他们充分感受到生命的活力和价值。

(三)开展丰富多彩的实践活动

高校还可以创造机会,鼓励大学生参加学术、科研、体育、艺术、娱乐等各种实践活动,为大学生提供求知、自我表现、人际交往和认识社会的宽广舞台,丰富和充实大学生的生活,在实践活动中帮助大学生体验生存感受,培养积极的生命情感意识。例如,组织大学生到烈士陵园、革命纪念馆、名人故居等德育教育基地参观,让大学生懂得生命的价值和意义;组织大学生观看一些青少年违法犯罪的视频资料等,使大学生树立法律意识,维护生命的尊严;组织大学生参加扶贫助困活动,引导大学生学会关爱他人,从而增强大学生的生命责任感。

(四)完善学校心理咨询机构

应配置专业教师组织开展学生心理问题筛查,建立健全学生心理健康档案,关注大学生特殊人群的心理;积极开展各种心理健康教育活动;强化大学生健康心理卫生,树立健康生命观;重点关注特殊家庭和经济困难家庭的大学生,发现异常情况及时解决。心理咨询机构应完善大学生心理健康网络建设,建立班级—系—学院—学校多层管理体制,通过多种途径与大学生交流、沟通,及时了解情况,发现问题及时解决。

(五)提倡大学生自我教育

生命教育要想取得实效,单纯依靠外在因素是无法实现的,所以提倡大学生自我教育,发挥大学生主观能动性,这样才能达到理想的效果。

第二节 大学生诚信教育

一、大学生诚信教育的内容

诚信教育是指诚信教育活动中所要传授的诚信道德价值和诚信道德规范。诚信教育内容既包括一般意义上的诚信,也包括实际生活中具体的诚信。大学生诚信教育属于道德教育范畴,有着一般道德教育共同的规律性,具有自己独有的特点,有特殊的教育内容要求和目的。它有鲜明的整体性,既是世界观、人生观、价值观教育的学校德育体系的重要组成部分，又集真善美为一体，是真善美的和谐统一。诚信是一个动态的命题，面对新形势和新问题，大学生诚信教育应当与时俱进，在内容上不断深化、拓展和创新。因此，大学生诚信教育应超越传统诚信的狭隘范围，把诚信意识和规则意识结合起来。大学生在思想意识深处应真正认识到诚信仍然是当代社会一切道德的基础和根本，如果社会诚信缺失、道德沦丧，必将影响经济社会的快速、持续发展。

从历史纵向的坐标来看，诚信教育可以分为传统诚信教育、现代诚信教育等。我们必须坚持以马克思主义思想为指导，提倡和弘扬传统的诚信文化，加强大学生传统诚信教育。诚信是中华民族的优秀道德传统之一，要继承我国古代优秀文化传统，弘扬中华民族的传统美德，也要正确对待西方历史文化伦理，"取其精华，去其糟粕"，这些都有利于提高大学生的道德素养，有利于在全社会形成诚信为本、操守为重的良好风尚。

从现实横向层面上看，大学生诚信教育的内容可以分为学习诚信、交往诚信、生活诚信和就业诚信等。具体来说，大学生诚信教育主要包括以下几个方面。

（一）马克思主义诚信思想教育

马克思主义是科学的真理，它提供了科学的世界观以及认识世界和改造世界的立场、观点、方法，马克思主义是我们立党立国的根本指导思想。长期以来，中国社会的历史和现实以及中国共产党的性质都决定了马克思主义是我们的指导思想，是我们立党立国的根本指针，是社会主义意识形态的灵魂，是建设社会主义的理论基础和行动指南。因此，必须始终坚定不移地坚持马克思主义的指导地位。

在马克思、恩格斯的著作中，除了对婚姻家庭及职业生活等领域中的具体道德要求有深刻的论述外，在《资本论》中马克思还比较详细地探讨了信用问题，形成了丰富而完整的信用理论。

要运用马克思主义基本原理，从社会发展和社会关系中分析诚信的本质特征，理解诚信对个体成长、社会发展的特有价值，从思想上对大学生进行理论武装，坚定他们的诚信信仰。

要确立马克思主义指导思想的地位，关键是要用发展着的马克思主义基本原理武装头脑、指导工作。马克思主义是科学真理，只有通过广泛学习宣传教育，才能被广大青年学生深入了解、领会和掌握。因此，大学生诚信教育必须以马克思主义基本原理为指导，即用马克思主义诚信思想武装大学生的头脑，使之真正深入大学生头脑，转化为大学生的自觉行动。

（二）现代诚信教育

市场经济赋予诚信以新的时代内涵，现代诚信是指建立在市场经济之上的诚信体系。现代诚信是契约信用，契约依靠法律强制力保障实施，它属于法律范畴。从法律规范上讲，诚信是社会秩序的重要保障之一，是市场机制良好运行的必不可少的条件。因此，现代诚信已从道德层面上升到法律层面。诚信内涵的不断变化给诚信教育也提出了新的要求。因此，诚信教育必须与时俱进，不断丰富教育内涵，以适应市场经济的发展，从而使市场经济发展与诚信提升相互促进、相得益彰。

道德是人类社会实践的产物，诚信的产生、发展与嬗变也要遵循客观规律。就现代社会而言，诚信具有"真诚、诚实、守信""信任、信用、信托"以及"诚信原则"等含义，所以当代大学生诚信教育既是诚信道德品质教育，又是一种社会伦理教育和法制教育。

现代诚信伦理教育是要让大学生从自己内在需求和现实特点出发，认识道德要求，形成一定的道德认识，产生道德情感体验，进而形成一定的道德信念，并将其内化为道德行为，即实现知、情、意、行的统一。

诚实守信不仅是一种道德操守，更是孕育其他道德品行的基础，它几乎渗透到大学生生活的方方面面。市场经济条件下，诚信具有更新、更广的时代内涵，大学生诚信品质体现在大学生的政治追求、专业学习、人际交往、日常生活以及择业创业等方面。结合我国大学生的现状，大学生现代诚信教育应包括政治诚信教育、学习诚信教育、生活诚信教育、契约诚信教育等。政治诚信教育就是要求当代大学生的理想追求、政治信仰是坚定的、稳定的。总体要求就是对大学生开展"四信"教育，即引导大学生坚定马克思主义信仰、坚定社会主义信念、坚定对改革开放的信心、增强对党和政府的信任。学习诚信教育是大学生现代诚信教育的重要方面，也是完成大学学业必须坚持的道德准则，它包括端正学习态度、信守学习制度、践行求真的治学精神等。生活诚信教育包括人际交往诚信教育、婚恋感情诚信教育、网络诚信教育、社团活动诚信教育等方面。在大学校园，契约行为是调整学生与学校、学生与社会、学生与他人的经济关系的重要形式。契约诚信教育主要表现为债务诚信教育和择业诚信教育。

二、诚信教育的原则

（一）主体性与主导性相结合的原则

马克思主义认为，人的主体性是人在对象性活动中表现出来的实践主体的特性、地位和作用,人的主体性推动着实践活动的发展。现代教育是以人为本的教育。苏联教育学家苏霍姆林斯基认为:"道德准则,只有当它们被学生自己去追求、获得和亲身体验的时候,只有当它们变成学生独立的个人信念的时候,才能真正成为学生的精神财富。"因此,诚信教育要尊重学生的主体地位和主体人格,坚持以人为本,激发学生主体参与的积极性,通过学生的积极参与、认同接受,有效地培养学生的道德自主和道德自律。

强调和突出大学生的主体地位,尊重大学生的主体人格,并不以主体性为唯一。大学生作为受教育者,是诚信教育的承受者和体现者,也具备了一定程度的主体素质和主体意识,如大学生在学习过程中表现出积极性、自觉性、主动性、创造性和"我要学"等主体意识。由于接受了多年的学校教育,加上个人的人生实践,大学生已基本形成正确的人生观、世界观和价值观,但从其社会化水平来看,大学生仍然是未成熟的社会群体,仍处在形成发展阶段。所以教师的主导仍然不能少,教师应启发和引导大学生的主体意识,起到主导性的作用,不断营造和谐、宽松、自由、安全的教育环境,不断激励与引领学生,帮助他们把外在的道德教育要求内化为自身的需要,从而提高自身诚信道德素质,实现知、情、意、行的统一。

(二)差异性与发展性相结合的原则

教师要了解自己的教育对象,了解学生道德观念的变化,了解学校诚信道德建设出现的新情况、新问题、新特点,所以诚信教育就要从实际出发,要有针对性地进行,既要注意教育对象的差异性,又要注意教育策略的差异性,还要符合学生的心理发展和教育教学的一般规律。学校道德教育的根本目标是促进学生的全面发展,因此,道德教育要着眼于学生的发展,并且着眼于学生的整体发展,不仅要关注大学生的现在,更要重视、关注大学生的未来,即大学生诚信教育要着眼于诚信教育的终身化。学校通过创造出合乎人性的、宽松的、健康的、向善的环境,让大学生循诚求知,依诚做人,从而锤炼优良高尚的品性,终身受益。

(三)平等性与民主性相结合的原则

现代道德教育理论认为,教师不是道德权威、价值法官,学生不是道德的容器,更不是只被允许扮演既定道德取向与道德规范的无条件的认同者与遵从者的角色。所以在诚信教育过程中,教师要遵循平等性和民主性原则,力避居高临下的空洞说教,平等、民主地对待学生。另外,教师要善于倾听学生的意见,鼓励学生提出自己的观点,提供一些导向性意见和富于启发价值的道德评价。教师可以采用多种民主的方式,创设民主和平等的氛围。

(四)反复性与渐进性相结合的原则

辩证唯物主义认为,量变和质变是辩证统一的,事物是前进性和曲折性的统一,因此,大学生的诚信教育是一个循环反复、不断提升的过程。大学生诚信教育还是一个细水长流、润物细无声的过程,不可能一蹴而就。所以大学生诚信教育必须坚持反复性与渐进性相结合的原则,注意把握诚信教育的长期性、连贯性,通过具体事情理解学生的内心世界,开展有效的对话,引导学生从他律走向自律,使学生不断加强和提高自身的思想道德修养,不断提升诚信品质。

(五)系统性与实践性相结合的原则

德育内容的构成要素所反映的是社会发展对受教育者德性品质的要求,完整的德育内容应由政治教育、思想教育、道德教育、法纪教育、心理教育五项要素构成。诚信教育作为道德教育的一个重要组成部分,必须和政治教育、思想教育、法纪教育等相结合。大学生的诚信教育应纳入高校日常教育体系和管理体系,培养全员诚信教育意识,做到"三育人",即"教书育人、管理育人、服务育人",使校园中时时、事事、处处显诚信。大学生诚信道德体系的建立和维系,仅靠学校的努力是远远不够的。大学生诚信教育不仅是高校思想政治教育的重点内容,也是家庭教育、社会教育的重要内容。诚信教育是一个庞大的系统工程。实施大学生诚信教育,需要全社会携起手来,共同关注诚信问题。我们必须创造出良好的诚信社会和人文环境,真正提高大学生的诚信道德水平。

在中国传统道德教育理论中,德育的实践性原则主要体现在知行关系的讨论上。道德认知学派的大家柯尔伯格认为,发展学生道德认知能力是提高学生道德发展水平的核心,道德认知能力是个体形成道德行为和习惯的基点,是人的道德品质形成的最基本的条件。同时,他又指出道德发展的条件有逻辑思维发展和社会认知发展,二者之间存在着一种平行的关系。这说明社会实践形成并不断丰富着个体道德活动的条件和环境,加强主体的自觉性和能动性,使个体道德活动的领域不断扩展,实践活动的形式越多样化,道德发展的水平就越高。马克思主义认为理论必须用于实践,在实践把握中发展理论,遵循一条"理论—实践—再理论—再实践"的路线。大学生诚信道德教育包括提高诚信道德认识、培养诚信道德情感、锤炼诚信道德意志、养成诚信道德行为,但归根到底是知、情、意、行的统一,最终落实在大学生的道德行为上。所以说德育目标本质上是实践的,德育过程本质上也是实践的。诚信道德不能只停留在书本上、课堂里,"纸上得来终觉浅,绝知此事要躬行",言行不一致,不去践行,诚信道德是毫无价值可言的。诚信教育的关键在于实践,只有这样,诚信教育才真正具有实践意义和现实意义。

第三节 大学生理想信念教育

一、理想信念与理想信念教育

(一)理想信念的含义及特征

理想信念是由"理想"和"信念"组合而成的,理想信念概念的厘定,首先要明晰理想、信念的概念。理想是指人们在实践中形成的、具有实现可能性的、对未来的向往和追求。理想是信念确立的动机,信念为人们矢志不渝、百折不挠地追求理想提供了强大的精神动力,是理想实现的条件。它们共同作用于人类的行为实践,是人类社会中的一种特殊精神现象。理想具有超越性、实践性、时代性的特征,而信念具有执着性特征。

(二)理想信念的分类

理想是多方面和多类型的,从理想主体的角度可分为个人理想和社会理想;从理想实现时间长短的角度可分为近期理想和远期理想;从理想内容的角度可分为生活理想、职业理想、道德理想和政治理想等。信念作为实现理想的强大精神动力,不同的理想必然有相应的信念作为支撑。根据理想的分类和支撑相应理想的信念,理想信念同样具有多种类型,如人们具有社会理想和支撑社会理想的理想信念,有生活理想和支撑生活理想的理想信念等。所以根据不同的标准,理想信念可分为生活理想信念、职业理想信念、道德理想信念和政治理想信念等。

(三)理想信念教育的含义及特征

理想信念教育是指以促进个人健康成长和顺利成才、推动社会发展进步为目标,有组织、有计划、有目的地对教育对象施加影响,使他们树立科学理想信念,自觉将个人理想信念统一到社会主导理想信念中去的社会实践活动。理想信念教育可以使教育对象增强辨别科学理想信念和非科学理想信念的能力,自觉选择并坚定科学的理想信念,保证自己所树立的理想信念符合客观实际,与社会、国家发展趋势相一致，与社会实践活动内在要求相统一，确保个人理想信念的现实可行性和可实现性，并且能够始终如一地为理想目标不懈努力，为个人实现理想信念提供可能性、情感支持和精神动力。

理想信念教育作为一种社会实践活动即教育活动，必然也有自身的特征。理想信念教育具有超越性和现实性的统一、主观性和客观性的统一、科学性与价值性的统一的特征。

二、新时代大学生理想信念教育的理论基础

任何教育都需要理论支撑，大学生理想信念教育同样也需要理论的支撑。在新的时代背景下对大学生开展理想信念教育活动，并不是对以前的理论基础进行否定，而是要继承并发展。马克思列宁主义、毛泽东思想和中国特色社会主义理论体系是新时代大学生理想信念教育的重要理论基础，是铸魂育人的科学理论。

（一）马克思列宁主义

在我国进行理想信念教育，一定意义上可以说就是进行社会主义理想信念教育和共产主义理想信念教育。马克思列宁主义不仅是中华人民共和国建立建设的指导思想，更是解决大学生理想信念问题的理论支撑。

1. 马克思列宁主义的基本原理中关于理想信念的论述

人在实践中不断创造社会关系，从而不断地铸造自身，丰富着人的本质，使自身获得全面发展。人在创造自己的历史时是有意识的，向往自由而全面的发展是人们有意识的追求，这本身也是一个具有实现可能的理想。关于理想的实现，马克思说："在科学的入口处，正像在地狱的入口处一样，必须提出这样的要求：'这里必须根绝一切犹豫；这里任何怯懦都无济于事'。"主体只有充分发展自己的知、情、意，理想才会实现。列宁在给波利斯·克尼波维奇的信中明确使用了"马克思主义信念"这一概念，并提出了对"马克思主义信念"的"检验、加深和巩固"。

2. 科学社会主义和共产主义理想信念

恩格斯在《社会主义从空想到科学的发展》中指出："社会主义现在已经不再被看作某个天才头脑的偶然发现，而被看作两个历史地产生的阶级即无产阶级和资产阶级之间斗争的必然产物。"马克思在《共产党宣言》中也论证了"两个必然"，即资产阶级的灭亡和无产阶级的胜利是同样不可避免的；但也在《〈政

治经济学批判〉序言、导言》中提到科学社会主义发展的"两个绝不会"。"两个必然"和"两个绝不会"揭示了科学社会主义、共产主义发展的长期性和艰巨性。列宁继承和发展了马克思、恩格斯关于社会主义的理想信念,进一步明确提出了社会主义理想和社会主义信念。列宁认为社会主义理想的追求者是无产阶级政党,关于社会主义信念,列宁在《第二国际的破产》一书中指出:"对于觉悟的工人来说,社会主义是一种庄严的信念。"科学社会主义和共产主义科学论证是新时代大学生理想信念教育的重要理论基础。共产主义远大理想信念是人类迄今为止最为科学、最为崇高的理想信念,是新时代大学生的应然追寻;而中国特色社会主义共同理想信念是作为新时代大学生担当民族复兴大任要树立的科学理想信念。因此,坚定新时代马克思主义信仰,引导大学生树立中国特色社会主义共同理想信念和共产主义远大理想信念是新时代大学生理想信念教育的主要目标。

(二)毛泽东思想

毛泽东思想是马克思列宁主义在中国的运用和发展,是被实践证明了的关于中国革命和建设的正确理论原理和经验总结,是中国共产党集体智慧的结晶,是马克思主义中国化的第一个重要理论成果,也是新时代大学生理想信念教育的重要理论基础。

在毛泽东思想的指导下,中华民族终于"站起来"了,为"富起来""强起来"打下了基础。新民主主义革命时期以及中华人民共和国成立以来,中国共产党始终坚持社会主义理想和共产主义理想。毛泽东在党的七大报告中指出:"我们的将来纲领或最高纲领,是要将中国推进到社会主义社会和共产主义社会去的,这是确定的和毫无疑义的。"

关于理想信念教育的重要性,毛泽东说:"在现时,毫无疑义,应该扩大共产主义思想的宣传,加紧马克思列宁主义的学习,没有这种宣传和学习,不但不能引导中国革命到将来的社会主义阶段上去,而且也不能指导现时的民主革命达到胜利。"因此,新时代大学生作为实现中华民族伟大复兴的重要力量,要树立科学的理想信念,这是极其重要的。理想信念教育主体知行合一,充分发展知、情、意,理想才能实现。

(三)中国特色社会主义理论体系

中国特色社会主义理论体系主要包括邓小平理论、"三个代表"重要思想、科学发展观、习近平新时代中国特色社会主义思想。

党的十一届三中全会以后，邓小平始终站在时代要求、国家发展、人民期待的高度，同中央领导集体一起，领导我们党做出一系列重大决策，把改革开放和社会主义现代化建设一步步推向前进。邓小平理论回答了"什么是社会主义""怎样建设社会主义"的基本问题，指出了在新形势下坚定社会主义共同理想信念和共产主义远大理想信念的重要性。这一时期，党和国家不断强调教育广大青年学生坚定马克思主义信仰、树立科学理想信念，为提升新时代大学生理想信念教育的实效性奠定了基础。

"三个代表"重要思想中的始终代表中国先进文化的前进方向要求我们大力建设社会主义精神文明，不断丰富人民的精神世界，增强人民的精神力量。引导人民树立中国特色社会主义共同理想，树立正确的世界观、人生观和价值观是发展社会主义先进文化的重要内容和中心环节。江泽民指出："面对改革开放和现代化建设这场深刻而伟大的历史变革，全党同志必须在改造客观世界的同时努力改造主观世界，坚定社会主义、共产主义的理想信念。"关于理想信念教育的内容，他还强调，"我们要把长征精神作为加强社会主义精神文明建设的重要动力，作为在全体人民特别是青少年中进行理想信念和思想道德教育的重要内容"。可见，在新的形势下加强理想信念教育是"三个代表"重要思想中的重要内容。所以，要用"三个代表"重要思想武装新时代大学生的头脑，其也成为大学生坚定社会主义理想信念和共产主义理想信念的精神支柱，引导大学生投入中华民族伟大复兴的奋斗中去。

科学发展观的基本要求是全面、协调、可持续，根本方法是统筹兼顾。坚持全面发展，就是要正确认识和把握经济、政治、文化、社会、生态文明建设是相互联系、相互促进的有机整体。其中，政治建设是方向和保障，文化建设是灵魂和血脉。理想信念教育是文化建设的重要一环，是引导青年大学生树立科学理想信念的主阵地，而政治性内容则是理想信念教育政治方向的保障。胡锦涛强调，要"深入开展理想信念教育，加强和改进学生思想政治工作，把社会主义核心价值体系融入国民教育体系，引导学生树立正确的世界观、人生观、价值观、荣辱观，努力培养德智体美全面发展的社会主义建设者和接班人"。坚持科学发展观，就是要坚持不懈用中国特色社会主义理论体系武装全党、教育人民，深入实施马克思主义理论研究和建设工程，推进马克思主义中国化、时代化、大众化。因此，加强大学生理想信念教育是科学发展观的必然要求，大学生只有树立科学的理想信念才能在国家、社会发展进程中实现个人理想。

习近平新时代中国特色社会主义思想的内涵十分丰富，涵盖了经济、政治、法治、科技、文化、教育、生态文明、党的建设等各方面，是新时代背景下我国开展各项工作的指导思想，它明确指出了新时代要坚持社会主义核心价值体系和坚持马克思主义，牢固树立共产主义远大理想和中国特色社会主义共同理想，培育和践行社会主义核心价值观，不断增强意识形态领域主导权和话语权，为人民提供精神指引。因此，新时代大学生理想信念教育需要与时俱进地扩展理论基础，需将习近平新时代中国特色社会主义思想作为教育内容与理论基础，用其铸魂育人、武装新时代大学生的头脑，提升教育效果，引导新时代大学生树立科学的理想信念，在实现中华民族伟大复兴进程中助他们实现"个人梦"。

三、新时代大学生理想信念教育的新特点

我国大学生理想信念教育经过各时期的不懈努力，得到了长足的发展与进步，既能够满足国家、社会的发展需要，也能够引导大学生树立科学的理想信念，使他们不断投入社会主义建设、改革、发展中，为国家、社会、民族的发展贡献青春、智慧与力量。我国进入新时代，世情、国情、党情不断发生变化，新时代大学生理想信念教育也随着社会发展大势不断发展创新，呈现出了与以往时期不同的特点。随着时代背景与要求不断变化，新时代大学生理想信念教育的理念、内容、目标不断与时俱进，且对标时代要求，具有新的特点。

（一）新理念

教育理念，是教育主体在教学实践及教育思维活动中形成的对"教育应然"的理性认识和要求。教育理念一定程度上决定了教育的效果，决定着教育目标和原则、教育要求、教育方法等内容。新时代大学生理想信念教育要积极主动对标新时代的要求，坚持与时俱进创新发展，以更高远的历史站位、更宽广的国际视野、更深邃的战略眼光进一步更新教育理念，拓展教育内容，创新教育方法，引导新时代大学生树立科学的、符合社会发展主题的理想信念。教育理念是历史的、动态的、发展的概念，而新时代大学生理想信念教育理念趋"综合式"发展。要坚持民族性与世界性相统一的教育理念，引导新时代大学生不仅要为中华民族伟大复兴而不懈努力奋斗，还要树立人类命运共同体意识，为解决全人类的共同问题贡献智慧和力量；要坚持理论性与实践性相统一的教育理念，促进新时代大学生知行合一；要坚持整体育人与个性发展相结合的教育理念，共同引导新时代大学生树立正确的理想信念。

1. 民族性与世界性相统一的教育理念

新时代大学生理想信念教育坚持民族性与世界性相统一的教育理念，不仅要培养担当民族复兴大任的时代新人，更要培养担当人类命运共同体建设的国

际化人才，两者存在内在的统一性。习近平总书记在学校思想政治理论课教师座谈会上对思想政治课教师提出"政治要强、情怀要深、思维要新、视野要广、自律要严"五方面的要求。其中视野要广就是要求新时代大学生理想信念教育工作者要以更高远的历史站位、更宽广的国际视野、更深邃的战略眼光开展大学生理想信念教育工作。

一方面，培养担当民族复兴大任的时代新人是新时代大学生理想信念教育民族性的重要体现。引导新时代大学生树立中华民族共同体意识、树立中国特色社会主义共同理想和共产主义远大理想体现了新时代大学生理想信念教育的民族性特征。因此，新时代大学生理想信念教育的根本任务就是培养社会主义建设者和接班人、培养勇于担当民族复兴大任的时代新人。另一方面，新时代大学生理想信念教育要有国际视野。国际化的发展有助于引导大学生树立自强意识、爱国意识，培养世界眼光、全球思维，客观推动着大学生理想信念教育，极大地提升了大学生的思想政治素质。随着我国全方位对外开放的不断深化发展，新时代大学生理想信念教育要借鉴国际先进教育理念，在增强新时代大学生民族意识的同时顺应经济全球化发展趋势，树立世界性的教育理念，培养更多的国际化人才。通过培养国际化人才来促进我国综合国力和国际地位的提升，共同致力于人类命运共同体的建设，为世界各国梦想的实现和化解全球性挑战贡献中国智慧与力量。

民族性教育理念是中国特色社会主义开展大学生理想信念教育的核心理念之一；树立世界性教育理念是时代发展大势以及世情、国情、党情的不断变化对新时代大学生理想信念教育的新要求。因此，民族性与世界性的教育理念不是对立的而是统一的，中华民族的伟大复兴能够促进世界不断美好发展，而世界的进步需要各国人民共同努力和奋斗，共同创造人类世界文明。

2. 理论性与实践性相统一的教育理念

新时代大学生理想信念教育坚持理论性与实践性相统一的教育理念，就是坚持教书育人与实践育人相结合，不仅坚持要以科学理论培养人，更要坚持理论联系实际，促进新时代大学生理想信念的知行合一。"理想信念不仅是一个思想认识问题，更是一个实践问题，理想信念教育是一个知、情、意、行互相渗透、互相促进的过程"，以科学理论培养大学生的同时更要加强实践教育，以知促行。一方面，要不断深化理论研究，讲清讲深讲透马克思主义理论以及马克思主义中国化理论的内在逻辑性和科学性，优化理论内容形式，贴近新时代大学生实际生活，增强理论的说服力和感染力。另一方面，要不断提高实践育人水平，利用各种教育资源增强教育的实践性，在实践中引导新时代大学生树立科学的理想信念，在实践、认识、再实践、再认识的循环往复过程中树立科学的理想信念。总之，新时代大学生理想信念教育理论性和实践性的教育理念不是对立的而是统一的，实践离不开理论，理论离不开实践，二者相互影响，缺一不可。因此，新时代大学生理想信念教育要以理论来指导实践育人，以实践证明理论的科学性，坚持理论性和实践性相统一的教育理念，坚持教书育人和实践育人相结合，促进新时代大学生知行合一。

3. 整体育人与个性发展相结合的教育理念

党中央、国务院出台的《关于加强和改进新形势下高校思想政治工作的意见》明确提出："坚持全员全过程全方位育人。把思想价值引领贯穿教育教学全过程和各环节，形成教书育人、科研育人、实践育人、管理育人、服务育人、文化育人、组织育人长效机制。"因此，新时代大学生理想信念教育必然坚持整体育人的教育理念，构建全员全过程全方位育人格局。但同时也坚持以学生为主体，关切新时代大学生个性发展的现实需要。

新时代大学生理想信念教育树立整体育人的教育理念是落实新时代高校思想政治工作精神的要求，也是培养担当民族复兴大任的时代新人的现实需要，更是遵循新时代大学生的成长成才规律的必然结果。整体育人有利于协调教育资源，充分调动各方力量，形成强大的教育合力，提升教育针对性和实效性。整体育人理念就是要把大学生作为一个完整的个人来看，其身心发展有极丰富的内涵，并且以综合、统一的方式体现出来。大学生的理想信念并非孤立地形成和表现出来，而是与其他素质发展相互影响、相互制约、共为一个整体，其他方面的变化可能引起理想信念的变化，理想信念的变化也可能引起其他方面的变化，因此要强化整体育人的教育理念。

新时代大学生理想信念教育树立个性发展的教育理念是遵循新时代大学生成长规律的，是以人为本的现代教育旨归。在新的时代背景下开展大学生理想信念教育活动，要在以人为本的基础上充分尊重新时代大学生的个性发展，坚持个性化的培养方式，促进新时代大学生全面发展。通过引导帮助大学生树立符合国家社会发展的物质利益观念，提高大学生个体的思想道德素质，引导大学生将个体奋斗目标与国家、民族的奋斗目标相统一。总之，新时代大学生理想信念教育不仅要坚持整体育人，还要在以人为本的基础上坚持大学生的个性发展，在整体育人中坚持主体地位，在个性发展中充分发挥整体育人的导向性，引导新时代大学生树立科学的理想信念。

(二)新内容

理想信念教育在相当程度上还是一种用先进科学思想理论去影响大学生的科学教育活动,而这种先进科学思想理论就是大学生理想信念教育的内容。因此,大学生理想信念教育内容是与时俱进的,是根据社会发展、时代要求和大学生的全面发展需求而进行整合与优化的,具有较强的政治性和目的性,体现了时代性与科学性的有机统一。

1. 政治性内容与生活性内容相融合

理想信念教育内容有着较强的政治性,是落实党、国家的教育方针和政策的重要体现。新时代大学生理想信念教育的政治性内容,需要根据时代的发展而不断拓展并及时更新,教育内容需与时代发展同步,需将党和国家新的政治理论成果及时融入。但是,新时代大学生理想信念教育内容并非只有政治性内容,还有涉及社会发展需要、大学生的全面发展诉求的生活性内容。随着时代的发展和我国社会主要矛盾的转化,社会对新时代大学生的要求越来越趋向全面、丰富和多彩,既有提升思想政治素质的要求,又有满足情感、心理等方面的需求。一方面,大学生对美好生活的需要日益增长且更加多元。新时代大学生的理想信念从内容上划分不仅有政治理想信念,还有道德理想信念、职业理想信念、生活理想信念等。将政治性内容与生活性内容相融合,既能促进新时代大学生坚定马克思主义信仰、树立中国特色社会主义共同理想和共产主义远大理想、拥护党的路线方政策;还能促进新时代大学生将政治理想扎根于道德理想、职业理想、生活理想等具体理想之中。另一方面,个人理想应该同国家梦想、世界梦想相结合。将政治性内容与生活性内容相融合,能够进一步拓展新时代大学生理想信念教育的内容,使新时代大学生理想信念教育既有长远、全局目标,又能贴近实际、贴近生活、贴近新时代大学生;促进新时代大学生将个人理想与国家梦想、世界梦想相结合,将个人理想融入国家梦想、世界梦想之中,在为实现国家梦想、世界梦想而奋斗的过程中实现个人理想。

2. 民族性内容与世界性内容相关联

新时代大学生理想信念教育将我国优秀传统文化、革命文化、社会主义先进文化作为教育内容,体现了民族性特征。但随着经济全球化、社会信息化的发展,以及我国全方位对外开放不断深化,各国文化交流频繁,民族性的教育内容总是要与世界性的教育内容相关联。新时代大学生理想信念教育也要面向世界,同其他国家和地区进行交流与合作。

新时代大学生理想信念教育内容与目标都要具有全球性视野,不仅培养担当民族复兴大任的时代新人,也致力于培养具有"人类命运共同体"意识的国际化人才,构建"共有共享的人类命运共同体"的世界梦。因此,新时代大学生理想信念教育要不断学习和借鉴国外有益教育内容和教育经验,丰富教育内容,拓宽教育视野,引导新时代大学生树立更崇高的理想信念。另外,中国梦与世界梦紧密相连,相互依存、相得益彰。党的十九大以来,实现中华民族伟大复兴的中国梦,是我国人民的共同期盼。而且,中国梦的实现离不开世界和平发展的国际环境,中国梦的实现也将惠及全世界,对人类发展具有重要意义。因此,新时代大学生理想信念教育要引导新时代大学生正确认识中国梦与世界梦的辩证关系,树立科学的理想信念。

3.科学性内容与人文性内容相结合

在人们的认知范围内,有科学精神与人文精神、科学价值与人文价值、科学教育与人文教育的相对区分。所以,在新时代大学生理想信念教育的内容结构中也包含着科学性内容与人文性内容。科学是人们在实践基础上总结的科学知识、科学方法、科学思想、科学精神等。科学性内容的教育是培养科学方法、科学精神的教育,它不仅引导大学生树立科学的理想信念,还教授大学生实现理想的方法与知识。人文性内容的教育是培养人文精神的教育,能够引导新时代大学生如何树立和树立什么样的理想信念。因此,在加强人文性内容的教育的同时也要加强科学性内容的教育。

新时代大学生理想信念教育内容在马克思主义指导下,遵循社会历史发展规律、思想政治教育客观规律、大学生思想活动规律,既要符合社会的客观要求,又要满足大学生的个体价值追求,体现着科学性与人文性相结合的要求。另外,大学生理想信念教育内容应当是全面的而不是片面的,应当是客观的而不是主观的,应该是与时俱进的而不是僵化不变的。因此,要将科学性内容与人文性内容相结合,进一步提升新时代大学生实现个人理想、中国特色社会主义共同理想和共产主义远大理想的"看家本领"和掌握实现理想的科学方法。总之,新时代大学生理想信念教育中的科学性内容和人文性内容是相互补充、相互渗透、相互影响的。只有两者相结合才能更好地发挥引领大学生思想行为的作用,不断提升大学生理想信念教育的实效性。

(三)新目标

大学生理想信念教育的目标,既是大学生理想信念教育过程的起点,又是归宿,它体现了国家、社会发展对大学生应树立什么样的理想信念的要求,指明了新时代大学生理想信念的发展方向。因此,理想信念教育目标在大学生理想信念教育过程中起着导向、激励、调控作用。在新的时代背景下，大学生理想信念教育要根据新时代党和国家教育方针以及新时代大学生的全面发展来制定教育目标。新时代有新要求、新任务，面临新问题，需要确立新目标。以培养担当民族复兴大任的时代新人和培养建设"人类命运共同体"且具有家国情怀的国际化人才为新时代大学生理想信念教育的目标，这是新时代世情、国情、党情变化的必然结果。以目标引导新时代大学生树立科学的理想信念、勇于担当民族复兴大任，培养他们成为有理想、有本领、有担当的时代新人，成为具有国际视野、通晓国际规则、能够参与国际事务和国际竞争且有家国情怀的国际化人才。

1. 培养担当民族复兴大任的时代新人

培养担当民族复兴大任的时代新人为新时代中国特色社会主义的人才培养指明了方向，回答了新时代要"培养什么样的人"的问题。新时代大学生理想信念教育要围绕立德树人这一根本任务，以培养有理想、有本领、有担当的时代新人为目标，从而实现满足中华民族伟大复兴的人才的需求。

青年一代有理想、有本领、有担当，国家就有前途，民族就有希望。首先，中华民族伟大复兴需要有理想的时代新人。中国梦绝不是轻轻松松、敲锣打鼓就能实现的，而需要在一代代青年的接力奋斗中变为现实。新时代大学生理想信念教育要与时俱进创新发展，不断提升针对性与实效性，引导新时代大学生树立为实现中华民族伟大复兴而不懈奋斗的目标。其次，中华民族伟大复兴需要有本领的时代新人。新时代大学生理想信念教育要致力于提高新时代大学生的综合素质能力，使得新时代大学生既学到真学问、练就真本领，又要有锲而不舍、自强不息的奋斗精神，切实提高解决实际问题的水平，不断增强工作本领。最后，中华民族伟大复兴需要有担当的时代新人。新时代大学生理想信念教育要引导新时代大学生坚定不移地以实现中华民族伟大复兴为己任，勇于、善于投入伟大事业建设中，积极响应国家号召，为实现伟大梦想贡献智慧与力量。中华民族伟大复兴需要一代代有理想、有本领、有担当的青年包括大学生不断投身于民族复兴的伟大事业中去。因此，培养勇于担当民族复兴大任的时代新人必然成为新时代大学生理想信念教育的目标。

2. 培养建设"人类命运共同体"的国际化人才

在推动构建"人类命运共同体"和参与全球治理中，需要一大批熟悉党和国家方针政策、了解我国国情、具有全球视野、熟练运用外语、通晓国际规则、精通国际谈判的专业人才。新时代大学生理想信念教育以培养建设"人类命运共同体"的国际化人才为教育目标,是根据世界发展大势、国家社会发展需要、新时代大学生全面发展诉求而确定的。新时代大学生不仅要为实现民族复兴贡献智慧与力量,更要树立崇高的理想信念即为世界的发展、全人类的发展贡献智慧与力量。因此,新时代大学生理想信念教育者要深入把握国际国内发展形势,要善于从国际比较、放眼世界的宽广角度透视学生问题、直击学生困惑,通过内在逻辑和规律的准确把握,在解读中国实践中把诸如中国特色社会主义道路、理论、制度、文化优势,中国共产党为什么能、马克思主义为什么行、中国特色社会主义为什么好等问题讲透彻,从而解开困扰或干扰大学生的思想之"结",用真理的强大力量引导大学生。新时代大学生理想信念教育要使大学生在坚定马克思主义信仰和社会主义理想信念、增强中国特色社会主义"四个自信"基础上更好地服务于"一带一路"和"人类命运共同体"的建设,使其成为具有国际视野和家国情怀的国际化人才。

第四节 大学生爱国主义教育

新时代大学生爱国主义教育蕴含着深刻的理论,本节通过对爱国主义教育内涵的分析,总结了新时代大学生爱国主义教育的理论基础、必要性及应当遵循的原则,期望为本书的研究能够提供理论依据。

一、爱国主义教育的内涵

爱国主义教育的内涵应该建立在爱国主义内涵的基础上,而随着中国特色社会主义进入新时代,爱国主义教育的内涵也将发生转变。因此有必要分别阐述爱国主义、爱国主义教育及新时代爱国主义教育的内涵。

(一)爱国主义的内涵

爱国主义体现了人们对自己祖国的深厚感情,揭示了个人对祖国的依存关系,是人们对自己家园以及民族和文化的归属感、认同感、尊严感与荣誉感的统一。

爱国主义是调节个人与祖国之间关系的道德要求、政治原则和法律规范,也是中华民族精神的核心。每个人来到这个世界,都要在社会中生存,都要获取生存发展的物质条件,都要寻求慰藉心灵的精神家园,这一切首先得之于祖国。爱国是每个人都应当自觉履行的责任和义务,是对祖国的报答。

爱国主义具体体现在四个方面:一是要爱祖国的大好河山,不仅要爱祖国的自然风光,还要自觉维护祖国统一和领土完整;二是要爱自己的骨肉同胞,最主要的是要培养对人民群众的深厚感情,始终坚持以人民为中心的立场;三是要爱祖国的灿烂文化,要认真学习中华优秀传统文化,并积极成为中华优秀传统文化的自觉弘扬者和践行者;四是要爱自己的祖国,要积极拥护社会主义制度,自觉捍卫国家利益,为建成社会主义现代化强国而贡献自己的力量。

爱国主义是历史的、具体的,在不同的历史条件和文化背景下所形成的爱国主义,总是具有不同的内涵。现阶段,爱国主义主要表现为献身于建设习近平新时代中国特色社会主义伟大事业,献身于实现中国梦的实践,献身于促进祖国统一大业。

(二)爱国主义教育的内涵

爱国主义教育是一项最基础的思想政治教育,也是学校德育的主要任务之一。爱国主义教育是推动爱国主义情感向行为转变的重要手段,其主要是指教育者根据党和国家的方针政策,结合大学生实际,通过对部分教学方法和手段的利用而对大学生所实施的具有目的性、计划性和组织性的教学实践活动,将培养大学生具有深厚的爱国主义情感、树立正确的爱国主义理想信念,维护良好的爱国主义行为作为重要任务。

1. 爱国主义教育是一种正确认知教育

因为当前大学生正处于世界观、人生观和价值观形成的关键时期,大学生对爱国主义的认识大都是不成熟的,需要通过加强爱国主义教育来引导他们树立对爱国主义的正确认识,从而使他们逐渐形成客观成熟的爱国主义思想,因此说爱国主义教育是一种正确的认知教育。

2. 爱国主义教育是一种理性情感教育

因为情感既包括感性情感又包括理性情感。大部分大学生对爱国主义的情感都比较感性,相对缺乏理性,因此需要通过爱国主义教育的正确引导,激发大学生对爱国主义的深厚情感,同时加强对大学生爱国主义的理性引导,将情与理有机融合,培养大学生具备理性的爱国情感,因此说爱国主义教育是一种理性的情感教育。

3. 爱国主义教育是一种理想信念教育

大学生是祖国的未来和民族的希望,通过爱国主义教育让大学生真正认识到自身肩负的职责和使命,引导其将个人理想与国家的前途和命运紧密结合起来,实现个人价值与社会价值的有机统一,引导其树立正确的人生观和价值观,引导其将爱国情转化成爱国志,并为之努力和奋斗。因此说爱国主义教育是一种理想信念教育。

4. 爱国主义教育是一种行为规范教育

因为大多数大学生对爱国主义"知"的能力较强,对爱国主义"行"的能力相对弱一些,所以就需要通过爱国主义教育来激励大学生将爱国主义情感、爱国主义信念转化成正确的爱国主义行为,实现大学生爱国主义"知"与"行"的有机统一,因此说爱国主义教育是一种行为规范教育。

由此可见,爱国主义教育是实现大学生爱国主义知、情、意、行高度统一的教学实践活动。

(三)新时代爱国主义教育的内涵

随着我国进入新时代,爱国主义教育的内涵也随之发生转变,习近平总书记在党的十九大上用"五个是"具体阐述了新时代:"这个新时代,是承前启后、继往开来、在新的历史条件下继续夺取中国特色社会主义伟大胜利的时代,是决胜全面建成小康社会、进而全面建设社会主义现代化强国的时代,是全国各族人民团结奋斗、不断创造美好生活、逐步实现全体人民共同富裕的时代,是全体中华儿女勠力同心、奋力实现中华民族伟大复兴中国梦的时代,是我国日益走向世界舞台中央、不断为人类作出更大贡献的时代。"结合新时代的内涵来具体阐释新时代爱国主义教育的深刻内涵,主要体现在以下几个方面。

第一,新时代爱国主义教育要与中国特色社会主义教育统一起来。新时代我们要夺取中国特色社会主义伟大胜利,所以加强大学生中国特色社会主义教育也就成为新时代爱国主义教育的重要职责。应当将习近平新时代中国特色社会主义思想作为新时代爱国主义教育的指导思想,引导大学生对中国特色社会主义道路理论体系、制度和文化有一个正确的认识,不断增强大学生对中国特色社会主义的自信。

第二,新时代爱国主义教育要与中国梦教育统一起来。将实现中华民族伟大复兴的中国梦作为新时代大学生爱国主义教育的时代主题,并将其贯穿于新时代爱国主义教育的始终。引导大学生将自己的梦想融入中国梦,争做新时代的奋斗者和追梦人,努力将其培养成能够满足时代需要,并堪当民族复兴大任的时代新人,这也将是新时代爱国主义教育的根本任务。

第三,新时代爱国主义教育要与爱党、爱社会主义教育统一起来。无论是要全面建成小康社会、社会主义现代化强国,还是要不断创造美好生活逐步实现全体人民共同富裕等，都离不开中国共产党的坚强领导和社会主义制度的独特优势，所以新时代爱国主义教育应该引导大学生对国史、党史及改革开放史有一个客观而清楚的认识，从而使他们树立正确的历史观，并在实际中报党恩、跟党走，始终坚持中国共产党的领导，并积极拥护社会主义及社会主义制度，做新时代真正的爱国者。

第四，新时代爱国主义教育要与"人类命运共同体"教育统一起来。新时代是我国日益走向世界舞台中央，需要为人类发展做出更大贡献的时代。因此，新时代大学生爱国主义教育不仅要立足中国，还要面向世界。既要引导大学生将个人梦想与实现中国梦结合起来，同时又要与实现世界梦结合起来。引导大学生逐渐树立"人类命运共同体"意识，将其培养成具备国际视野的新时代爱国者。

二、新时代大学生爱国主义教育的理论基础

新时代大学生爱国主义教育有着坚实的理论基础，不仅包括马克思主义经典作家关于爱国主义教育的论述，还包括党的历代领导人关于爱国主义教育的论述。

（一）马克思主义经典作家关于爱国主义教育的论述

爱国主义思想最早开始于马克思、恩格斯时代，二人一生都致力于人类解放的伟大实践中，形成了对爱国主义精神的科学态度与观点。虽然没有形成系统的爱国主义教育理论体系，但在二人的著作中可以看到他们对爱国主义思想的主要观点。一是爱国主义要与共产主义相结合。无产阶级争取民族独立的爱国革命运动，实际上也是实现共产主义的革命运动。二是爱国主义要与国际主义相结合。马克思、恩格斯曾说："资产阶级的纯正的爱国主义，对各类'国有'资产的实际所有者来说是很自然的，但是，由于他们的金融、商业和工业活动已带有世界的性质，这种爱国主义现在已只剩下一个骗人的幌子。"马克思、恩格斯通过批判资产阶级的狭隘的爱国主义，来倡导无产阶级的爱国主义要与国际主义相结合。

列宁在对马克思主义思想继承的基础上，对爱国主义有更为深刻的理解。列宁认为："爱国主义是于千百年来各自的祖国彼此隔离而形成的一种极其深厚的感情。"同时也坚持爱国主义要与国际主义相结合。他说："无产阶级的国际主义，第一，要求一个国家的无产阶级斗争的利益服从全世界范围的无产阶级斗争的利益；第二，要求正在战胜资产阶级的民族，有能力有决心为推翻

国际资本而承担最大的民族牺牲。"列宁还倡导年青一代的共产主义者要为建设社会主义祖国做贡献。

（二）党的历代领导人关于爱国主义教育的论述

自中国共产党成立以来，我们党就十分重视爱国主义教育。党的历代领导人毛泽东、邓小平、江泽民、胡锦涛、习近平作为当代中国的马克思主义者，在继承马克思主义经典作家关于爱国主义教育论述的基础上，紧密结合我国具体实际对爱国主义教育进行了重要的论述。

毛泽东同志对爱国主义有着深刻的理解，认为爱国主义要与国际主义相结合。他说："中国共产党人必须将爱国主义和国际主义结合起来。"体现了我们党的爱国主义不是狭隘的。

邓小平同志对爱国主义有着独特的见解。一是爱国主义属于精神文明的范畴。他说："国际主义、爱国主义都属于精神文明的范畴。"二是爱国要与爱社会主义相结合。他说："有人说不爱社会主义不等于不爱国。难道祖国是抽象的吗？不爱共产党领导的社会主义的新中国，爱什么呢？"强调爱国要与爱社会主义相统一。

江泽民同志对爱国主义及爱国主义教育有具体的阐述。一是爱国主义是历史范畴。他说："爱国主义是一个历史范畴，在社会发展的不同阶段、不同时期有不同的具体内容。"二是爱国主义教育是精神文明建设的重要内容。他说："爱国主义教育是精神文明建设的一个重要内容。加强爱国主义教育，要贯穿社会主义现代化建设的整个过程。"体现了爱国主义教育的重要性。

胡锦涛同志对爱国主义的阐释主要是从社会主义荣辱观的视角，他说："要教育广大干部群众特别是广大青少年树立社会主义荣辱观，坚持以热爱祖国为荣，以危害祖国为耻，……"

以习近平同志为核心的党中央高度重视爱国主义教育，对爱国主义和爱国主义教育有着重要的论述。一是关于爱国主义本质的论述。坚持爱国和爱党、爱社会主义相统一。习近平指出："只有坚持爱国和爱党、爱社会主义相统一，爱国主义才是鲜活的、真实的，这是当代中国爱国主义精神最重要的体现。"二是关于爱国主义时代主题的论述。习近平强调："实现中华民族伟大复兴的中国梦，是当代中国爱国主义的鲜明主题。"三是关于爱国主义在社会主义核心价值观中重要意义的论述。习近平指出："在社会主义核心价值观中，最深层、最根本、最永恒的是爱国主义。爱国主义是常写常新的主题。拥有家国情怀的作品，最能感召中华儿女团结奋斗。"四是关于爱国主义行为的论述。爱国不能停留在口号上。习近平强调:"爱国,不能停留在口号上,而是要把自己的理想同祖国的前途、把自己的人生同民族的命运紧密联系在一起,扎根人民,奉献国家。"五是关于爱国主义教育永恒主题的论述。习近平强调:"弘扬爱国主义精神必须把爱国主义教育作为永恒主题。要把爱国主义教育贯穿国民教育和精神文明建设全过程。要深化爱国主义教育研究和爱国主义精神阐释,不断丰富教育内容、创新教育载体、增强教育效果。"

三、新时代大学生爱国主义教育的必要性

新时代加强大学生爱国主义教育,对更好地继承和弘扬中国精神,实现祖国统一和民族团结,培育时代新人,实现中国梦具有重要的现实意义。

(一)是继承和弘扬中国精神的必然要求

党的十八大以来,以习近平同志为核心的党中央高度重视继承和弘扬中国精神。习近平总书记多次强调:"实现中国梦必须弘扬中国精神。这就是以爱国主义为核心的民族精神,以改革创新为核心的时代精神。这种精神是凝心聚力的兴国之魂、强国之魂。"所以,中国精神由两部分内容构成,一部分是以爱国主义为核心的民族精神;另一部分是以改革创新为核心的时代精神。自中国共产党成立以来就一直在弘扬中华民族精神,无论是在我国革命时期,还是在社会主义建设时期与改革开放时期,始终在弘扬民族精神,特别是在改革开放之后,越发重视以改革创新为核心的时代精神,从而带领中国人民从站起来到富起来,再到朝着强起来的目标奋勇前进。在新的历史条件下,我们要继续弘扬好民族精神,同时还要弘扬好时代精神。完成此任务最有效的途径就是加强爱国主义教育。继承和弘扬中国精神是爱国主义教育的重要内容。大学生是时代的弄潮儿,是改革创新的时代先锋,是传承中华优秀传统文化的中流砥柱,所以,加强大学生爱国主义教育是继承和弘扬中国精神的必然要求。

(二)是实现祖国统一和民族团结的根本要求

习近平总书记多次强调:"我们坚持准确把握我国统一的多民族国家的基本国情,把维护国家统一和民族团结作为各民族最高利益。"实现祖国的完全统一,是全体中华儿女一直以来共同的心愿,是中华民族的最根本利益所在。大学生作为新时代的青年是同新时代共同前进的一代,也承载着新时代的使命,应该将自身利益与国家利益统一起来,为实现祖国完全统一共同奋斗。我国是一个多民族国家,维护民族团结也是新时代大学生的重要使命,大学生要自觉

维护全国各族人民大团结的政治局面，坚决维护国家主权、发展利益，筑牢国家统一、民族团结、社会稳定的铜墙铁壁。这是大学生应担当的职责和使命，这个任务的完成也要通过爱国主义教育来实现，所以，对大学生进行爱国主义教育是实现祖国统一和民族团结的根本要求。

（三）是培育时代新人的基本要求

习近平总书记多次指出："培养什么人，是教育的首要问题。"爱国主义教育是解决培养什么人的重要手段。大学生是青年中的骨干力量，是未来知识分子队伍的生力军，是国家的未来和民族的希望。时代新人必须有理想、有本领、有担当。习近平总书记在纪念五四运动100周年大会上讲话时，对新时代中国青年提出了"六个要"：要树立远大理想；要热爱伟大祖国；要担当时代责任；要勇于砥砺奋斗；要练就过硬本领；要锤炼品德修为。这就是时代新人应具备的基本素质。这"六个要"，如果从思想政治教育的角度考量，都离不开爱国主义教育。通过爱国主义教育可以让大学生树立正确而远大的理想，可以让大学生更有家国情怀，可以让大学生明确自己的责任担当，从而让大学生为了理想、情怀和责任，不懈奋斗、练就本领、修德善行。因此，通过爱国主义教育可以激励当代大学生不断提高自身素质，不断成为一个德、智、体、美、劳全面发展的高素质人才，并将自身的爱国情、报国志统一于爱国行之中，做爱国主义的真正践行者，努力成为担当新时代重任的时代新人，所以对大学生进行爱国主义教育是培育时代新人的基本要求。

（四）是实现中国梦的内在要求

实现中国梦是近代以来中华民族最伟大的梦想。习近平总书记指出："中国梦的本质是国家富强、民族振兴、人民幸福。"可见，中国梦既是国家的梦想、民族的梦想，又是每一个中国人民的梦想。中国梦很好地将国家的追求、民族的向往与人民的期盼有机地融为一体，充分体现了中华民族与中国人民的整体利益。习近平总书记强调："实现中华民族伟大复兴的中国梦，是当代中国爱国主义的鲜明主题。"爱国主义教育的重要任务是为实现中国梦培养社会主义建设者和接班人。开展大学生爱国主义教育就是要把大学生培养成新时代的奋斗者、追梦人和圆梦人。通过爱国主义教育可以激励大学生将个人梦想与国家梦想、民族梦想、人民梦想统一起来，将个人的"小我"真正融入国家的"大我"和人民的"大我"之中，勇于肩负起祖国和人民所赋予的重要使命，积极成为能够堪当民族重任的爱国青年，为实现中国梦而不懈奋斗，书写更加灿烂的人生华章。可见，中国梦的实现，必须具有高素质的建设人才，而这种人才的获得必须通过包括爱国主义教育在内的教育活动，高校是培养高级专业人才的摇篮，所以，对大学生进行爱国主义教育是实现中国梦的内在要求。

四、新时代大学生爱国主义教育应当遵循的原则

在新时代的历史背景下，对大学生进行爱国主义教育应当牢牢遵循爱国和爱党、爱社会主义高度统一，突出时代主题，立足中国又面向世界，与大学生实际相结合的重要原则。

（一）爱国和爱党、爱社会主义高度统一的原则

中华人民共和国是在中国共产党的英明正确领导下，由人民缔造而成的。爱伟大的社会主义祖国，就要爱伟大的中国共产党。社会主义制度是在中华人民共和国成立时由中国共产党帮助中国人民做出的正确选择。爱国就要爱社会主义、拥护社会主义制度。宪法中有这样的表述："社会主义制度是中华人民共和国的根本制度。中国共产党领导是中国特色社会主义最本质的特征。禁止任何组织或者个人破坏社会主义制度。"祖国的建设发展不能脱离党的领导。在党的领导下社会主义制度的优越性越来越突出，已经把伟大的社会主义中国逐步引向世界的舞台中央。因此，爱国和爱党、爱社会主义是有机统一的。

在对大学生进行爱国主义教育时，也要对其进行爱党、爱社会主义的教育，要让大学生懂得没有党的领导，就不会有祖国的建立，也不会有祖国的发展；没有社会主义制度的保障，就不会有祖国今天的成就，也不会有祖国今天在世界上的影响力。大学生是接受高等教育的知识分子，对其进行爱国和爱党、爱社会主义教育不仅要让他们理解教育的本身，还要具备理论上的高度，能够正确地把握爱国和爱党、爱社会主义高度统一，并努力践行之，做到坚持"两个维护"、坚定"四个自信"。所以，新时代大学生爱国主义教育应该遵循爱国和爱党、爱社会主义高度统一的原则。

（二）突出时代主题的原则

爱国主义是一个历史范畴，随着社会的不断向前发展，在不同阶段、不同时期有不尽相同的具体内涵。在以习近平同志为核心的党中央的坚强有力的领导下中国特色社会主义进入了新时代。对应爱国主义的内涵，爱国主义教育内容也应该与时俱进。对于一个国家来说，每个历史时代，都有自己的主要矛盾，都有需要解决的根本任务。这个主要矛盾和根本任务就是那个时代的主题。不同的时代具有不同的时代主题。那么顺应时代，爱国主义就有了不同的主题。1994年颁布的《爱国主义教育实施纲要》，将"建设有中国特色的社会主义"

作为当时爱国主义的主题。2019年颁布的《新时代爱国主义教育实施纲要》，将"实现中华民族伟大复兴的中国梦"作为当代爱国主义的鲜明主题。

大学生是时代的佼佼者、引领者，对其进行爱国主义教育更要凸显时代主题，就是将"实现中华民族伟大复兴的中国梦"作为新时代大学生爱国主义教育的鲜明主题，贯穿新时代大学生爱国主义教育的始终。这样才能激励全体大学生将爱国之情、报国之志融入实现中国梦之中，为实现国家富强、民族振兴、人民幸福而贡献自己的一分力量。所以，新时代大学生爱国主义教育应该遵循突出时代主题的原则。

（三）立足中国又面向世界的原则

爱国主义教育立足中国就是从中国的实际出发，确定教育主题、挖掘教育资源、选择教育载体、反馈评价教育效果。随着经济的飞速发展，我国目前已成为世界第二大经济体，正日益走向世界舞台中央，在这样的时代背景下，爱国主义教育面向世界就是必然要求。

习近平总书记致力创建"人类命运共同体"。人类社会是一个相互依存的共同体已经成为共识。在经济全球化背景下，一国发生的危机通过经济全球化动力机制的传导，可以迅速波及全球，危及国际社会整体。面对这些危机，国际社会只能"同舟共济""共克时艰"。当前新冠肺炎疫情正在全球蔓延，取得最终胜利只能依靠国际社会的共同努力。在"人类命运共同体"理念下，爱国主义教育应当注入"世界梦"的元素。

当代大学生是与新时代共进的一代，新时代爱国主义教育要积极引导当代大学生，不仅要立足我国，主动担当起实现中华民族伟大复兴中国梦的使命，同时还要面向世界，树立国际视野，勇于担当起实现世界梦的使命。将中国梦与世界梦统一起来，激励当代大学生自觉担当起双重使命，这也是新时代爱国主义教育的重要职责，所以，新时代大学生爱国主义教育应该遵循立足中国又面向世界的原则。

（四）与大学生实际相结合的原则

当前大学生主要以理论学习为主，实践学习相对缺乏；大学生情感较丰富但相对缺乏理性；大学生自主意识较强但相对缺乏集体意识；大学生接受新事物能力较强但相对缺乏辨别意识；大学生的世界观、人生观、价值观正处于形成的关键时期，需要正确的引领。新时代爱国主义教育要与大学生的这些实际紧密结合起来。除此之外，还应该正确处理好中学生的爱国主义教育内容与大学生的爱国主义教育内容的关系,从而提高大学生爱国主义教育内容的针对性;正确处理好理论教学与实践教学的关系,增强大学生的参与性;正确处理好情感激励与理性引导的关系,在激发大学生爱国热情的同时,也要引导大学生正确地去爱国;正确处理好个体自我教育与集体教育的关系,增强大学生的集体合作意识,从而不断丰富大学生爱国主义教育的方法;正确处理好传统教育载体与新教育载体之间的关系,从而巧妙地运用大学生爱国主义教育的载体。只有这样才能从整体上增强大学生爱国主义教育的效果,所以,新时代大学生爱国主义教育应该遵循与大学生实际相结合的原则。

第五节　大学生社会公德教育

近年来,大多数家庭教育看重的是孩子的成绩,重视智力开发,却忽视了对孩子思想品德、心理素质等非智力因素的培养,导致部分学生人格不健全,出现了"有知识、缺教养"等现象。而多数学校也存在公德教育内容重理论、轻实践现象,教育目标理想化,教育过程抽象化,学生普遍缺乏道德实践,道德行为能力不强,进而造成知行相悖的现象。大学生是青年中受教育程度较高的群体,既是文化教育的接受者和传播者,又是社会文化的创造者,应该在社会公德方面体现出较高的素质。加强和改进大学生社会公德教育,使大学生树立正确的道德观念,养成良好的文明行为习惯,对构建社会主义和谐社会,全面实施科教兴国和人才强国战略,加快推进社会主义现代化宏伟目标具有重大而深远的战略意义。

一、社会公德的性质与特点

社会生活主要包括三个方面:家庭生活、职业生活、社会公共生活,因此,与之对应的就有家庭美德、职业道德、社会公德。作为社会的人,要在社会中生存与发展,就需要与他人相联系,产生共同的活动,形成公共生活。公共生活具有开放性、透明性、与他人和社会的关联性。在公共生活中,正因为个人的行为必定与他人发生直接或间接的关系,会影响到他人,所以人们在公共场所的行为必须遵守相应的公共生活规范,必须时刻遵守社会公德。社会公德水平的高低,可以衡量出一个社会最基本的文明程度和道德程度,折射出社会成员最基本的文明素养。大力倡导"文明礼貌、助人为乐、爱护公物、保护环境、遵纪守法"的社会公德,对建设社会主义道德文明,推进社会主义现代化建设事业,无疑具有重大的意义和价值。

社会公德，主要是指个人在社会中作为一个社会成员应该具有的品德修养。一个社会要维持存在和发展，就必须很好地处理社会内部的各种基本关系，协调社会内部各个成员、各个系统的关系，因而也就必须确立一些基本的公共的行为准则，建立起公共的道德规范。否则，这个社会的存在就会很成问题，更不必说它的发展了。社会公德是社会成员应当具备的最基本的品德，如果我们社会中每个成员都能自觉地遵守，都有很强的公德意识，那么我们的社会就会是一个祥和的文明社会。

（一）社会公德的性质

社会公德与一般的国民公德不同，它是社会公共生活（与家庭生活、职业生活相对应而言）的道德，是一种最基础或最低层次的大众道德。国民公德或公民道德是一定社会或国家对其国民或公民所提出的基本的道德要求。这些道德要求往往以立法的形式加以固定和推行。国民公德带有阶级、国家或社会制度的色彩，它往往与一定政治目标和主流意识形态联系在一起。梁启超在《新民说》中提出的"公德"即具有国民公德的意义，在梁启超看来，公德主要体现在爱国主义观念、权利与义务观念以及利群观念等方面，并通过从独立与合群、自由与制裁、自信与虚心、利己与爱他等关系的处理中表现出来。

社会公德涵盖了人与人、人与社会、人与自然之间的关系。大略而言，可以将社会公德分为公共角色道德、公共场所道德、公共交往道德等。公共角色道德是与职业角色道德和家庭角色道德比较而言的一种公共生活的角色道德，它与公共场所道德相关。如果说公共角色道德是主体自觉遵守公共场所道德的要求而形成的人员和身份道德，那么公共场所道德则从客体方面向人们提出了必须遵循的道德要求，人们一旦进入公共场所就必须遵循有关规定，都要遵守这些公共生活对其的要求，如果破坏了这些公共场所的行为准则，就会造成社会生活秩序的混乱。公共交往道德是社会主体自觉协调与客体之间、交互主体之间的交往以不断改善彼此关系、促进共同发展的行为准则和规范体系。从主体角度讲，公共交往道德是确保主体人的本质充分展现、个性充分发展的自律性规范；从社会角度讲，公共交往道德是确保整体共同利益不受损失和主体间友善协调的普遍性和社会性规范。

社会公德是一个社会文明进步的标志之一，也是一个社会、民族文明的"窗口"。任何人踏进一个社会、进入一个国家，首先见到的是这个社会的人在公共场所的举止是否文明，首先体会到的是这个民族是否文明礼貌，同时见到的还有公共生活环境的状况，然后就会据此判断这个民族的文明程度。尽管每一个民族、每一个国家由于文化、传统的差异，对文明的看法有所不同，但对公共生活的文明却几乎有共同的看法，都会以社会公德作为外部标准来衡量这个社会的文明程度。

（二）社会公德的特征

社会公德是人类在数千年的共同社会生活中逐渐形成和发展起来的，它符合社会全体成员的利益需要，是维持公共生活正常进行的前提条件。相对职业道德、家庭美德而言，社会公德具有以下特征。

1. 社会公德是一种低层次的最基本的道德要求

社会公德是社会道德体系的基础层次，是每个社会成员都应遵守的最起码的道德准则，是社会为维护公共生活而提出的最基本的道德要求。每一个社会成员都应当具备社会公德素养。人类共同的社会生活，要求社会中每个成员都要遵守公共生活准则，养成自我约束的道德规范，这就是社会公德。社会公德大多是生活经验的积累和风俗习惯的提炼，如讲礼貌、讲卫生、讲秩序等就是基本的生活共识，不随地吐痰、不乱穿马路等公德规范，更是简捷明了。

2. 社会公德具有广泛的群众基础和最大的继承性

社会公德是全体社会成员都必须遵守的道德规范，具有最广泛的群众基础和适用范围。在人们的社会生活中，维护社会公德，就会得到群众的支持和赞扬；破坏社会公德，就会受到群众的反对和谴责。任何一个社会成员，无论具有何种身份、职业和地位，都必须在公共生活中遵守社会公德。社会公德不仅对社会全体成员都是必要的，而且需要社会全体成员共同维护和遵守。在公共场所活动的人，他们因处在同一场所而具有共同的身份，如在剧场中，他们是观众、在商店是顾客、在公共交通工具上是乘客等。虽然这些人的社会地位、职业、文化修养等各不相同，但他们都得遵守公共场所准则。例如，作为剧场的观众，都不得大声喧哗；作为商店的顾客，都不得偷拿商品等。因为社会公德涉及这一场所中所有人的利益，所以，凡遵守准则的，便会得到大众的拥护、支持；凡破坏准则的，则会激起公愤。群众自觉地维护公共生活准则，使得社会公德具有了很大的威力。

社会公德的内容具有最大的继承性。千百年来，人类在共同生活、相互交往的过程中，形成了共同遵守的公共生活基本准则。这些准则凝结着人类的道德智慧，是社会公德的重要组成部分。如在人际交往中尊重他人、信守诺言，在公共场合注重礼貌、相互谦让等，无论在什么社会条件下，都有人们在公共生活中应当遵守的基本准则。

3. 社会公德具有某种超功利性和非功利性

社会公德的适用对象是社会公共生活，而社会公共生活与履行公德的主体之间的利益关系并不直接，甚至有时必须牺牲主体利益来履行公德。不破坏公共财物，不违反公共秩序，对主体的利益并无损害，但也不见增加，仅仅是公共生活中最简单的事情了。因此，社会公德大都是规定明确、简单易行、也易为大众所接受和遵守的准则。这些要求非常简单明了，只要有起码的道德修养的人都会做到。而见义勇为、奉献社会的行为却是以牺牲个体利益为代价的，有时甚至可能牺牲生命。履行公德的行为不如履行职业道德那样能带来经济效益，也不如履行家庭美德那样可以拥有一个和睦温馨的家庭。这也正是社会公德尽管简明、最基础却常又很难坚持和很难落到实处的内在因由。

此外，社会公德的行为是面向社会、面向公众、面向"陌生人"的，因此，一个人是否履行社会公德，社会对他的道德监督作用并不明显和具体。一个人履行了社会公德并不能立即受到表扬和鼓励，一个人不履行社会公德或者违反社会公德，也往往不是立即就会受到谴责。这也正是一些人往往遵循家庭美德、职业道德而不讲社会公德的缘故。社会公德行为对象的宽泛性带来监督舆论的弱化和赏罚的非直接化，说明了社会公德既容易遵循而又难于遵循的特质，这也从某种意义上彰显了加强社会公德建设的必要性和紧迫性。

4. 社会公德具有民族传统性

每个民族由于本身的历史、文化传统及风俗习惯等诸多不同，社会公德便具有了民族的传统性特点。一个民族所特有的社会公德，对其他民族不一定适用。例如，西方一些民族，在公共场所以接吻作为一定的礼节或亲密的表示，东方民族则一般不采取这种形式。中华民族在数千年的共同生活或公共生活中早已形成了本民族的一些优良传统。例如，在公共场所待人接物温良恭谦、尊老爱幼、遵守秩序等。

5. 社会公德具有一定的强制性

社会公德逐渐变为一种风尚习惯，为人们所遵守，也要求人们去遵守。由于社会公德是社会公认的、共同的秩序，逐渐地成为必须遵守的规范，具有了一定的强制性。每个社会都会采取一些行政措施迫使那些不自觉的人来遵守这些规范，如对扰乱公共秩序、损害公共设施的人给以罚款，情节严重的还会拘留判刑。因而维护社会公德既要靠教育，也要靠一定的行政手段，两者应当结合实施。

二、大学生社会公德教育的主要内容

社会主义社会公德是建立在社会主义经济基础之上、继承了历史上社会公德的优秀传统并以共产主义道德理想为前进方向的道德准则和价值导向系统。社会主义社会公德是以文明礼貌、助人为乐、爱护公物、遵纪守法为主要内容的观念和行为准则体系，反映着社会主义精神文明和道德文明的内在要求，成为社会主义道德体系的重要组成部分。

（一）文明礼貌

文明礼貌，就是指在公共场所中，在待人接物上，人的言谈举止、衣着仪表都要得体，即做到举止文雅，衣着整洁；在与人交往中，应言语文明。文明礼貌是社会交往中必然的道德要求，是调整和规范人际关系的行为准则，与每个人的日常生活密切相关。文明礼貌是打开心扉的钥匙，是交流思想的窗口，是沟通感情的桥梁，它反映着一个人的道德修养，体现着一个民族的整体素质。我国是一个具有悠久历史的文明古国，素有礼仪之邦的美誉。《说文解字》中说："礼，履也，所以事神致福也。"意思是说礼就是通过使用一定的器皿，按照一定的仪式来祭祀神灵以乞求福祉。可见，礼源于我们祖先祭祀神灵的原始仪式，并逐渐演化为以封建统治阶级的伦理道德观念为思想基础的政治制度和人际交往的礼节。礼的内容很丰富，可以说从衣食住行到婚丧嫁娶，到治国安邦，礼无处不在、无时不有，成为历朝历代统治者维护社会秩序、规范人民行为举止的重要法宝。文明礼貌，不仅体现出一个民族的精神面貌，一个社会的风气，也表现出人的文化修养和道德品质。礼的核心内容是敬与让，敬是对他人人格和尊严的敬重，对社会高尚道德行为的敬佩与敬慕，以及对价值和价值目标的敬意和追求。让，即谦让、礼让，包含了人们在人我关系对待方面先人后己以及在个人利益与他人利益关系处理中将他人利益放在优先地位考虑等因素，让是敬重他人的具体体现。在社会生活中，人们交往频繁，常常会发生冲突、矛盾，文明礼貌便起着调解、缓冲的作用。它可以增进人们之间的感情，使人们和睦相处，心情愉悦，避免很多不必要的争吵和纠纷。

今天，倡导和普及文明礼貌，是继承和弘扬中华民族传统美德、提高人们道德素质的迫切需要，是尊重人、理解人、关心人、帮助人，从而形成团结互助、平等友爱、共同进步的新型人际关系的迫切需要，也是树立中国人具有良好国际形象的迫切需要。

（二）助人为乐

助人为乐是我国的传统美德，也是社会公德的基本内容和要求。我国自古就有"君子成人之美""与人为善""博施济众"等广为流传的格言，把帮助别人视为自己应做之事，这是每个社会成员应有的社会公德，是有爱心的表现。在马克思看来，只有那些为大多数人带来幸福的人才是最幸福的人，历史把那些为人类谋利益的人称为最伟大的人物。一个人只有把为大多数人谋利益、为大家做出自我牺牲作为自己的人生理想和价值目标，才会享受到真正的快乐。助人为乐是社会主义社会人们应当遵守的最起码的道德规范，是为人民服务精神的直接体现。

助人为乐，在社会公共生活中比较复杂，但内容非常丰富，老弱病残、妇女儿童需要有人相助；突发的事故也需要有人帮助解决。虽然公共生活中会有一些社会机构及人员来维持秩序、帮助人们解决一些困难，但毕竟还是有限的，不可能什么困难都能及时解决。因此，在复杂的社会公共生活中，对于随时出现的需要帮助的人和事，就需要提倡人们在公共生活中互相关心、互相爱护和互相帮助，需要发扬一人有难、大家相助的友爱精神。任何人都是社会的人，都不能脱离他人的帮助而存在，也不能脱离他人的关心而生活。人与人之间需要互相关心、互相帮助。助人为乐是一种高尚的文明行为，同事之间、朋友之间、邻里之间、亲友之间，都应该有助人为乐、相互支持的高尚风格，这是每个社会成员应有的公德，是有爱心的表现。助人为乐作为一种社会公德是每个公民都应具备的，一般也是每个人都能够做到的。

（三）爱护公物

爱护公物是社会公德的基本内容，表现在对社会共同劳动成果的珍惜和爱护，是每个公民应该承担的社会责任和义务，既显示出个人的道德修养水平，也是整个社会文明程度的重要标志。爱护公物要求公民要关心、爱护和保护国家财产，同一切破坏公共财物的行为作斗争，同一切浪费公共财物的行为作斗争。

社会公共场所中的公共交通工具、影剧院的设施、公园的花木等均是公物，属于国家、集体、全体人民所有。它们是保证公共生活正常进行的物质基础，关系到每一个人的切身利益。社会的公用设施得到妥善保护并保持良好状态，是使公共生活有序进行的基本保证，也有利于每个人的工作和生活。对于公物的态度表现出了公民的公德水平，作为一个公民，有义务爱护和保护国家或集体的公物。爱护公物，还包含每个公民有权制止一切破坏公物的行为。如果每个社会成员都能珍惜、爱护公物，就意味着全社会的公共财物能够物尽其用、用有所值。社会公物遭到破坏，社会利益就会受到损害。所以，每个有责任心的公民，都应当自觉爱护公物。

（四）遵纪守法

纪律，是为维护社会生活正常进行，为维护国家、团体的利益，每一个公民都应当遵守的确定的秩序和行为准则。在社会生活中，既有社会全体成员共同遵守的纪律，又有各个政党、团体、机关、学校以及各行各业依据本单位的工作性质对所属成员规定的特殊的纪律。但无论哪一种纪律，都应服从全社会的总的纪律要求。

遵纪守法是维护公共生活秩序的重要条件，也是社会主义社会公德的最基本要求。对于一个公民来说，是否自觉维护公共场所的秩序，纪律观念强不强，法制意识强不强，体现着他的道德精神风貌是否良好。

遵纪守法要求增强法律意识，增强法制观念，做到知法、懂法、守法、护法；要求严格遵守各项法律和纪律，不做任何违法违纪的事，将法律条文内容化作自己的自觉行动，使守法由"要我做"变成"我要做"。纪律具有强制性和内在的自觉性的特点。对于那些少数目无法纪、胡作非为的人，纪律具有强制性；纪律又靠人们的内在信念自觉地遵守，成为人们自觉自愿遵守的行为准则。这就要求人们自觉遵守和维护公共秩序，如遵守交通规则，遵守乘客规则，购物、买票人多时要排队，参观游览时爱护公共设施、保护文物，保持居住地环境整洁，不乱倒垃圾、乱堆物品，上下车扶助老、幼、弱等。人人都应争做文明顾客、文明乘客、文明观众、文明游客、文明居民，这样才能使我们的社会公共秩序越来越好，所以要坚决同一切违法违纪行为作斗争。

三、大学生社会公德教育的实施方法

随着人类社会进入新时代，社会公共生活的领域逐步扩大，人际交往也随着现代化的交通、通信工具的发展而愈加紧密，社会公共秩序对现代化建设的影响也越来越直接、越来越大。为了适应现代化建设的需要，社会公德建设的内容和形式也必须随之不断扩展和变化，因此对社会公德的要求也越来越高。大学生作为社会公民，理应自觉树立自律观念，强化责任意识，养成从我做起、从现在做起、从小事做起的行为习惯。只有既重视行为实践，又重视习惯养成，才能真正推动社会公德教育深入持久地进行，并取得理想性的效果。

（一）重视道德教育的作用

大学生社会公德教育是社会主义道德教育的基础，是现代社会必须高扬的基本道德。从总体上看，现代社会成员有较强的社会公德观念，并能在行为层面有所践行。但部分社会成员在社会公德方面也存在着一些问题，主要表现为：有的社会成员对社会公德缺乏应有的认识，认为社会公德是无关宏旨、无关大局的小节、小德；有的社会成员虽有一定的社会公德意识，但对自己应负的责任和义务考虑较少，在知和行、观念选择与行为选择方面存在较大距离甚至彼此矛盾，因而或者行为举止较差、公德水平偏低，或者对危害公共利益、影响社会公德的言行熟视无睹、放任自流等。每个社会成员都应从自己做起、从现在做起，做到"勿以善小而不为，勿以恶小而为之"。因此，大学生只有自觉地以社会公德规范自己、约束自己，才有可能践行社会主义道德；只有使遵守社会公德的文明现象蔚然成风才能有力地推动社会精神文明的发展和社会的全面进步。

人的良好的道德活动是以其对社会道德规范与理念的认知和接受为条件的，而使人们认知和接受道德规范与理念的基本途径就是对其进行道德教育。重视和加强包括道德教育在内的思想政治工作，是我们党的优良传统和政治优势。我们党一贯强调教育在道德建设中的基础性作用，注重以科学的理论武装人、以正确的舆论引导人、以高尚的精神塑造人、以优秀的作品鼓舞人，并使之成为党的工作的指导方针。抓思想政治教育，就要坚持正面宣传与引导为主的原则，在全社会深入开展社会主义思想道德教育活动，加强爱国主义、集体主义思想教育，加强社会公德、职业道德、家庭美德的教育，从而有力地推动公民道德建设向前发展。在进行道德教育中，我们党充分发挥了思想文化舆论阵地的作用，运用广播、影视、报刊、互联网等传播媒体对全民进行正面宣传教育，强调要让科学的思想占领舆论阵地，从而有效抵御各种错误的、腐朽落后的思想侵蚀。同时注重根据社会的不同群体包括大学生群体的道德现状和对道德建设的不同要求有层次地开展教育，包括重点抓好党员干部的思想道德教育和着力对青少年进行正确道德观的培养。另外，通过家庭教育与学校教育、社会教育相配合，灌输式教育与自主式教育相补充和教育与实践相结合的方式，推进道德教育的深入开展。

（二）重点培育大学生的公民道德

在现代社会，公民通常指具有平等人格和权利的个人。公民必须讲公德。公民道德概念强调社会道德的社会性，突出了社会成员作为公民的宪法地位，彰示公民权利的不可侵犯性。在当代中国，既然在政治领域确立了依法治国的目标，那么在道德领域，就必然要求加强公民道德教育，从而为国家提供必不可少的道德基础。另外，中国是社会主义国家，作为社会意识形态的社会道德必然属于社会主义道德体系，必然贯穿着道德的基本原则。因此，对当代大学生的道德教育，从培养社会主义建设者的角度来说，要进行社会主义道德教育；从培养合格公民的角度来说，则要进行公民道德的教育。

公民意识、公共精神、公共文明是衡量一个国家公民素质和社会风气的重要杠杆。增强公民意识是大力弘扬社会公德、建设现代公共文明的前提和基础；培育公共精神是大力弘扬社会公德、建设现代公共文明的关键和核心；养成公共行为习惯是大力弘扬社会公德、建设现代公共文明的目标和愿景。而社会公德意识的核心，强调的则是超越眼前、个人利益之上的为公意识。越来越多的人形成的"积极的公德意识"，可以产生强大的社会感召力，形成一种浓厚的社会监督氛围，能与极少数有违社会公德的行为作斗争，从而推动全体公民公德意识的提高，使整个社会的精神文明建设向着更高的目标迈进。

应当说，公民道德在大学生的道德素质培养中发挥着基础性、决定性作用，因为它体现了人道主义、集体主义、诚信和公正等道德原则对大学生的最基本要求。就社会而言，没有坚实的公民道德做基础，要建立起宏伟的社会主义道德大厦是不可能的；就个人而言，在道德培养方面，每个大学生都应当从作为基础道德的公民道德规范做起。在工作、学习和日常生活中无视公民道德的人，连合格公民都算不上，更谈不上成为德才兼备的社会主义建设者了。鉴于在校大学生已经受过十多年的学校教育，文化素质较高，对公民道德的认知和实践，理应走在全体公民的前列。总之，无论是大学生个人的成才目标，还是社会对他们的道德期望，都要求高校重视对大学生的公民道德教育和公民意识培育。

第六节 大学生职业道德教育

一、大学生职业道德教育基本理论概述

（一）大学生职业道德教育及其理论依据

在对大学生职业道德教育进行定义的同时，我们要对大学生思想品德以及大学生职业道德进行区分。大学生思想品德是一种社会意识形态在高校校园环境的延伸，指的是在高等教育思想引领下，根据社会道德准则，体现在大学生身

上的关于思想方面的某种倾向。大学生职业道德，从其内涵与外延来说，是职业教育过程或是职业生涯强调的行为规范，它以大学生良好的思想品德为基础，是大学生思想品德在大学生职业规划方面的表现，两者相辅相成、相互促进。

1. 大学生职业道德教育的含义

大学生作为我国培养的高素质人才，是我国社会主义建设的主要承担者，他们接受的职业道德教育水平的高低将直接影响社会的整体发展。从当代大学生职业道德教育的课程中了解到，以思想和法律教育为基础课，对大学生进行基本法律知识和基本道德意识的讲授十分重要。通过相关的学习以及社会的熏陶，大学生具备了独有的看待问题、解决问题和研究问题的能力，也已经有了自己较为明确的世界观，现在需要更多的是专业能力、素养等方面的提升。但需要注意的是，职业道德教育不应一成不变，而需要根据大学生的情况做好调整，并将理论与实践相结合，以提升大学生的思考能力和激发他们的探索热情。总之，大学生职业道德教育是指，教育者将大学生个人素质与实践相结合，让大学生了解相关职业的道德，积极引导大学生参与社会实践，进一步加强大学生对职业道德的认识，以便为大学生进入职场提供理论支撑与实践基础。

2. 大学生职业道德教育的特点

（1）教育对象具有广泛性与针对性

在校的所有大学生都应该成为职业道德教育的对象。文凭教育只是大学教育的初级目标，让大学生真正获得真才实学、较高的理论水平与实践技能才是大学教育的宗旨，除此之外，还包括大学生的职业道德教育与培训工作。因此，高校的职业道德教育应落实到具体行动上来，要有合理化的目标体系与教育针对性，对于如何让大学生在就业后更好地适应社会环境以提升自身的能力做好培养工作。所以应该从大学生入学开始就做好职业道德教育工作，将职业道德教育贯穿大学的整个阶段，包括在校的所有大学生都应该成为教育的对象。高校的职业道德教育要因地制宜，具体问题具体分析，面对不同年级、不同专业，甚至不同地区的学生有针对性地做好培养的策划，从而使得教育的可操作性更强以及实际效果更好，这对学生整体能力的提升以及职业化的认知十分有帮助。职业道德教育应该做好广泛性的工作，让每一个学生都能接受此类职业的教育，使他们摆正日后的择业观，在以后的工作实践中能够更好地适应工作环境，实现自我价值。

（2）教育目标具有社会性

大学生专业知识的提升以及综合素质的培养的最终目标是为社会提供应用

型人才，检验大学生职业能力和道德素质的重要标准就是进行职场的工作实践。然而，大学生很难获得真正的工作实践机会，很多大学生的职业道德教育只能停留在理论层次，无法真正地将理论运用于实践，缺乏实践性。所以对于日常职业道德教育工作的开展，应该充分考虑社会的实际需求，并且为学生提供更多更广的实习机会，可以采取的方式有很多，如勤工俭学、毕业实习、岗前培训等，让大学生能在走向工作岗位之前对自己以后的工作有一定接触，从而可以有针对性地培养自身的职业技能和道德素养。

（3）教育手段具有多样性

职业道德教育可以采用的方式多种多样，可以借用的资源也很多，可以通过不同方面的沟通与交流来提升职业道德教育的水平。首先，可以选择一些已经毕业，或者在一定的工作领域有一定成绩，或者毕业之后为国家的建设做出过重要贡献的人回学校开一次研讨会，让正在择业的大学生通过实际的事例来确定自己的求职方向，树立正确的人生目标，从而培育大学生不畏艰苦、敬业奉献、踏实做事、积极向上的职业精神，为自己的择业就业做好相应的规划。其次，相关的交流工作要做到实处。应该积极倡导志愿类的活动，帮助一些需要帮助的人，到山区献爱心、举办开展爱心支教活动等。在这些实践活动当中，教师要有意识地对学生的团队合作能力、忍耐力做相应的培养，积极调动他们在活动当中的主观能动性。学校要定期地开展心理咨询活动，或者在学校举办的晚会中以节目的形式呈现，提升大学生的心理素养，使其与身边同学搞好关系，慢慢形成团结合作、积极进取的精神风貌。

（4）教育内容具有专业性

职业道德教育是一项长期的系统工程，不能只作为简单的课程设置，还得渗透到高校教学的方方面面，特别是对于专业课程的教授，职业道德教育的思想也应该贯穿其中，与专业理论学习相结合，所以职业道德教育与文化传授相辅相成。高校职业道德教育教师应该做好自己专业课程与职业道德教育之间的衔接工作，真正地做好职业道德教育与学生的综合素质培养结合的工作。所以专业授课教师对于职业道德教育的认识要做好相应的准备工作，并努力在自己的授课过程中不断寻找专业理论教学与职业道德教育的有效融合点。从另一个角度来说，专业的职业道德教育教师也应该对学生所学的知识有一定的了解，这样在课堂导学过程中就很容易吸引学生的注意力，并使他们对就业方向有一定的了解。做好毕业生跟踪调查工作，这样才能使整堂课程的教学将专业知识的传授和职业道德教育有机地运作起来，让职业道德教育与专业操作能力的养成同步进行。高校的教师应该把理论知识带入实践当中，在理论教学过程中，还要关注与大学生就业息息相关的职业道德教育，尽力为学生以后的就业提供有效指引，真正使大学生职业道德教育落到实处。

3. 大学生职业道德教育的理论依据

（1）道德认知发展理论

关于道德认知发展理论，马克思的早期著作中相关研究最早。首先，马克思认为，道德教育不是硬性地对基本道德准则加以记忆，而是教育者本身有更高的认知水平。道德认知发展理论认为，个人成长的各个阶段都有道德教育的参与，学生也可以对社会道德问题进行深刻思考，强调培养学生探索及思维分析能力的重要性。其次，在这一基础上对道德发展有了更深的剖析，包括前期的行为习惯的养成与后期良好习惯的培养，阐明了道德认知是一个由量变到质变的循序渐进的过程；其发展顺序是一定的，但发展的速度是不确定的，但其发展进程是确定的。从理论意义上讲，道德发展是阶段性的，不同的时代有不同的理论应用领域与范畴。同时将职业道德教育分门别类，因人施教，做到有的放矢，同时根据实时变化不断调整培养目标，制定具体的职业道德教育目标，从而促进道德认知的发展，实现从量变到质变的发展过程，使每个发展阶段相互协调、相互促进。

（2）职业发展理论

对个体的职业行为与职业心理状态的分析要用发展变化的眼光来看待。职业发展理论对"自身与角色"形象的全面发展很重视，认为这种职业价值观是长期累积的结果，因此，必须根据不同阶段的发展任务而有不同的职业指导计划，这样有利于个体有效地观察和接纳自己，并树立正确的职业价值观、对个体职业有专业的认识，以便进行合适的职业发展目标的选择，进而每个人结合职业要求和自身特点，以个人特质寻找最适合自己的职业，并且经过专业培训，实现自己的职业选择和职业偏好。当然，选择一个匹配的职业并不简单，因为个人和环境都是不断变化的，所以，在此过程中，采取单一的匹配方法是不可取的。职业发展理论的关键是选择匹配的职业。影响职业选择的因素有两类，一类是主观因素，包括素质、能力、价值观等，另一类是客观因素，如社会环境和经济条件等。在职业发展理论中，个人与职业的匹配，社会因素的研究，都应与职业选择和引导相符合。职业指导人员可依据大学生不同阶段的发展特征，并根据职业发展阶段的完整模式，设计指导内容。基于这一理论，笔者认为职业道德的培育在入学阶段就应该开展，而且要贯穿大学的整个学习阶段。

（3）人本主义道德教育理论

人格心理学是人本主义道德教育理论的核心内容，心理学的研究离不开教育的实践与理论研究。其中，比斯塔和马杰斯在人本主义道德教育领域中属于开创者。人本主义道德教育理论与以往的教育理论相比较，其不仅以传统道德教育的内容为主，还更通人性。马杰斯指出："情感对于人们的认知发展具有推动作用，如若没有情感的加入，人们的认知水平会受到限制。当人类的情感找不到可以宣泄的理由时，其对外界的认知就会带有很强的个人色彩。"马杰斯从理论的高度剖析，道德教育得以实施的前提条件是人与人之间的真诚与理解。真诚说的是学生与教师之间真心的交往，了解他们更加真实的自我，加深对彼此的了解。理解强调的是师生之间情感的表达能够很好地被接受，也能获得很好的反馈，相应的建议相互之间共同采纳，从各自不同的角度来理解彼此，让学生深刻领会到教师教学的主要目的。职业道德教育经过多年的发展，吸收了很多丰富的内容，其中"关心"与"体谅"两种观念的加入让职业道德教育有了更深层的含义。此理论比较深刻地对以人本主义为核心的道德教育理论进行了思考与分析，并对以道德情感为主线的学校道德教育进行了更深层次的探索。菲比尔德认为，在大学阶段进行职业素养的培育最重要的一点就是让大学生在学习生活过程中保持良好的心态。在大学生的职业道德教育体系构建时，情感类教学方法的运用应该凸显人本主义的思想，教师要理解大学生的想法，在对其进行教育的同时让他们有自己的空间，怀着以人为本的思想关心大学生的生活与学习，让大学生真正理解职业教育的真谛与内涵，从而掌握必备的职业生存技能。

（二）大学生职业道德教育的基本原则

1. 主体性原则

主体性原则是职业道德教育所遵循的基本原则，在德育教育过程中，要充分发挥教师与大学生的主观能动性。

教师应该做好榜样，通过自身的言行举止来感染学生。大学生职业道德教育相关的领导、教师或是各级管理人员，他们的思想素质及职业道德水平对大学生今后的发展有深远影响。因此，教师的职业素养直接影响到大学生职业道德水平的提高。同时，教师在教学过程中，要对大学生的主体性地位给予充分的尊重。真正使大学生通过在校期间的学习，将职业素养内化为自己的潜在素质，进而成为本身的道德需要，再通过行为向外界表达自己的意愿，这对提高大学生职业道德素质会有更加积极的作用。因此，在职业道德教育过程中教师应该依据一定的教育理念，发挥大学生的主体作用，在沟通中不断与大学生互动，逐步引导大学生发现自己需要的职业素质，让教师的启发与学生的自我领悟有效互动。在此过程中，大学生在潜意识里不再把职业道德规范当成硬性条件，而是把它们当作自我提升的前提，内心的观念从而真正被扭转，由被动变主动，由此看来，这才是真正成功的职业道德教育。

2. 层次性原则

对大学生的职业道德教育要循序渐进，逐步推进，同时根据大学生的年龄变化与心理变化特点，逐步发现职业道德教育的规律性，对大学生分层、分类进行指导。大学生无论现在学习什么，将来做什么工作，都应知道今后的不确定性，这也是比较具有社会公认性以及普遍性的规范要求。大学生职业道德教育是社会上各界人士公认的、具有普遍性的职业道德教育。另外，不同的专业设置有不同的教学要求，以便提高大学生的专业技能，因人而异地教授相关知识，增强教育的针对性。例如，针对电信、通信、网络等专业的大学生着重进行网络道德教育，对财务、税收、金融等专业的大学生进行财务安全与财务道德的职业道德教育等。

3. 实践性原则

在教育的过程中，教师引导大学生学习职业道德知识，让他们了解职业道德准则，让他们初步对职业道德有一个理性的认识，非常有利于大学生的成长成才。只有有了理论上的指导，才会有行动上的执行。实践的作用不言而喻，因此理论的教学不仅要有广度还要有深度，需要通过实践来加深对理论的理解。但实践机遇并不容易获得，所以高校需要不断开拓思路，让大学生有更多的机会参与到实践中，如义务支教、岗前实习、参加社会实践活动等，让大学生在实际活动中亲身体会职业道德的重要意义，进一步领悟职业道德的精神内涵。

4. 连贯性原则

教育是一项系统工程，也是一项长期性的工作。在这个知识快速更新、信息不断变化的学习型社会中，人们为了更好地生存发展必须不断学习。因此，为了更好适应将来职场的工作，大学生在校期间要有意识地锻炼自己的学习能力、职场适应能力等。另外，教育的过程是不断加深的过程，大学生从入学开始就要进行连续性的教育，不能中断。所以要将大学生各个阶段的职业道德教育连接起来，使其贯穿大学生的整个大学阶段。

（三）大学生职业道德教育的主要内容

大学生职业道德教育的内容安排一定是根据教育目标制定的，为了传授相关职业道德内容、基本思想，来制定职业道德教育目标的实现规划。《社会道德准公约》表示，社会主义荣辱观所遵循的爱岗敬业、诚实守信等内容也是职业道德教育中的主要思想，这些最基本的内容构成了职业道德教育中最为重要的理论支撑。社会主义荣辱观所提倡的这些内容都是大学生职业道德教育的基本要求，对大学生形成良好的世界观、人生观、价值观有着良好的指导性和前瞻性作用。

1. 以爱岗敬业为基础的职业道德情感教育

职业道德信念的形成受职业情感的影响，职业情商是否丰富又直接影响职业行为规范的形成，大学生要有爱岗敬业的态度并且以乐观积极的心态来对待自己的职业。一些人在自己的工作方面要求精益求精，并且不断进取，因此使命感、热情感和道德感油然而生。这体现了敬业是一种高尚的人格情操。爱岗和敬业二者相辅相成，不热爱自己的工作岗位不可能在工作中兢兢业业。爱岗敬业是最基本、最普遍、最符合大众需求的。大学生职业道德规范的要求是无论在什么时候都要认真对待自己的工作岗位与工作内容，并保持良好的工作心态，始终要以主人翁的姿态去面对每一天的工作。因此，大学生要具备良好健康的职业情感与积极向上的心态，踏实工作是最直接的表现，这对培养职业道德的惯性养成意义重大。大学生只有对自己的工作兢兢业业，一丝不苟，才能做到全身心投入，才能在工作中实现自己的人生价值。

2. 以诚实守信、办事公道为核心的职业道德操守教育

良好的品德与健康的人格以及高尚的情操是人们在社会生活以及工作中扮演好自己角色的基础，良好的职业道德操守有利于工作的顺利进行，要抵御各种消极落后的思想观念。自己内心具有良好的职业操守是肩负起本职工作的道德基础，这对大学生的教育不仅是诚实守信的教育，还是办事公道的职业道德操守教育。克己奉公、兢兢业业是对职业道德更高的标准要求。较高的道德修养是踏实工作的前提，兢兢业业的工作态度不仅表现在秉公办事，同时还要求具备一定的职业素养与法律基础。具备良好职业素养的大学生，在日后的工作中，才能充分利用自己的工作资源，按规办事、按章行事，逐渐形成良好的工作作风与办事风格。

3. 以奉献社会、服务群众为宗旨的职业道德精神教育

职业道德精神的主要内容是要对自己的工作有一个清醒的认识与全面的了

解,把自己的工作当成一种事业,在工作中对自身的价值取向进行规范,对自身职业道德素养提出更高的要求。职业道德精神直接影响职业道德的表现,这是一个由心理层次到道德层次的突破,当前一些已经走上工作岗位的人认为,以奉献社会为宗旨的当代大学生的职业道德教育相对缺乏。在平时,大学生要尽自己的微博之力来服务社会,从而提升自己的精神境界。助人为乐的奉献精神集中表现在尽职尽责工作与无私奉献,这不仅需要有良好的心态与专业技能,还需要有较高的职业素养。用踏实的劳动实现自身的价值,并利用自己所拥有的专业技能来服务社会。真正做到为他人、为集体、为国家负责,为社会做出应尽的贡献。

4. 以遵纪守法为规范的职业道德纪律教育

无规矩不成方圆。在依法治国的当前,知法、懂法、守法、护法是作为一个社会公民的基本素养,也是当代青年的一种担当与责任。遵循良好的纪律规则是社会良好运行有序的保障,因此,作为高级知识分子的大学生更应该以身作则、遵纪守法。大学生要做到知法、懂法、守法、护法,在长期实践中把外在的约束力内化为自觉行为。假如没有相关的法律法规去约束人们的行为,社会将没有秩序,人们的生活将无法想象。当代大学生应遵循职业道德,担负起社会责任,做一个遵纪守法的好公民,既是对自己的保护也是对他人、对单位、对社会的负责。

(四)大学生职业道德教育的必要性

高等院校以培养专业文化和技术人才为主,以职业道德培育为辅,这不仅是高等教育的重要内容,也是"大众创业,万众创新"在高等教育中的重要体现,从根本上体现了高等院校对党中央关于加强和改进大学生职业道德培育的重视和践行。高校思想政治教育的重要组成部分就是职业道德教育,也是大学生思想政治教育的重要组成部分。大学生的思想道德素质不仅影响自己的行为表现,而且关乎职业道德的形成。

1. 高等教育发展的必然要求

国务院总理李克强在 2016 年 5 月 21 日庆祝四川大学建校 120 周年大会上发表重要讲话,强调高等教育首先要保证质量,培养的大学生的心态一定是积极向上的、健康的。不断提升人才培养水平是高等教育质量提高的核心要求,要全面贯彻党的工作纲领,要坚持教育为先、育人为本的工作理念,弘扬勇于探索的创新精神,促进学生在德、智、体、美、劳方面健康发展。

社会永远需求的是高质量人才,大学生如果只对需要学习的专业知识有相应的了解，却忽视了对自身综合素质的提升，在进入社会之后就很难在相应的岗位上达到要求。其中德育教育是很重要的一部分。大学生人生观、价值观的形成以及克服一些由学校走向社会所表现出的不适应现象一般都在大学时期。因此，对于大学生日后生活有重要影响的职业道德问题，在高等教育的德育工作中一定要给予解决。此外，大学生从学校步入职场前的最后训练是必要的，也是高等教育急需解决的问题。在进入大学之后，大学生要在日常生活中从一点一滴的小事做起而为日后的就业做好充足的准备，大学生作为社会劳动市场的主要推动因素，他们在社会环境中的行为素养要接受社会整体的检验，这样才能更好地了解大学生在职业道德教育方面的成效。所以对职业道德教育的重视程度，将直接影响高等教育的发展方向。

2. 社会主义市场经济体制健康发展的必然要求

美国某经济学家在《经济理论周刊》中指出："经济制度的制定都需要一定的规章规则来制约，需要一种隐形的力量来约束，还需要个人良好的认知促使其实践。"中国特色社会主义经济建设，同样需要一套完整的意识形态来控制，更需要大批支持并愿意为社会主义现代化建设做出贡献的知识分子参与进来。为现代化建设增添光芒的无疑是当代社会的青年大学生，所以，在大学教育中，让大学生充分理解并掌握社会主义现代化建设所需要的那种无形力量是很重要的。在今后走向社会的过程中，他们身上的社会责任将会被更好地体现。

市场经济发展对人的思想观念的影响是一把双刃剑，市场经济体制的逐步确立给社会职业道德教育带来了很大的冲击。对于面对就业的大学生来说，一方面，市场竞争的激烈程度能对他们产生一定的激励作用，优胜劣汰的思想也会在心里扎根，大学生的目的性更加明确，使他们不断挖掘自身的潜能。另一方面，市场经济涉及经济利益，强调价值交换和从中获取利益，在追求利益的大环境之下，很有可能使得大学生的价值取向受到影响。

3. 大学生未来职业发展的客观要求

进一步促进就业，帮助大学生高质量就业也是德育教育的重要组成部分，用工难是目前社会上很多企业普遍存在的问题，是根本没有相应的技术人员吗？其实不然，毕业生的数量逐年增加，为了就业一些毕业生降低了标准却仍然找不到工作。一些大学生虽然找到了工作，但是仍然存在用人单位抱怨大学生没有较高的工作能力、态度不端正等问题。而针对大学生本身，在频繁跳槽之后，自身的成就感和归属感较之以前就会大大降低，工作积极性也减弱。这主要是由于大学生自身就业观念不明确，导致了人力与事务的发展失衡。

为顺应整个社会的需要，对人才的要求有了更具体的内容，不仅要牢固掌握专业知识，还得实现对自身素质的培养。大学生的职业道德水平在他们未来职业的发展上起到了相当重要的作用。张瑞姜在职业教育思想中指出："只有熟练的专业知识，灵活的头脑，但是没有善良的品行、德行，是不能在社会上立足的。"所以应特别培养大学生的自主能力，提倡相互合作、共同努力，使他们成为被广大人民群众认可的好公民。当前就业发展的整体趋势是企业把大学生的职业道德水平作为重要的评判标准，如大学生的整体能力及他们在未来职业生涯中的表现与职业道德水平的高低密切相关，对于如何选出具备优良道德品质的人才也影响重大，职业道德水平现已成为许多招聘单位用人的最高标准，同时也是最大难题。因此，工作能力水平与职业道德水准同等重要。这样大学生在走上工作岗位后，不仅掌握了相关专业技能，也成为当代社会所需要的理想型道德人才。

4. "大众创业，万众创新"的现实需要

随着毕业生人数的增多，大学生的就业问题变得越来越突出，同时由于我国人口众多，大学生就业成为众多高校面临的共同问题。"大众创业，万众创新"是通过在创业就业领域的创新，在社会更广泛的范围内激发众人的创业、创新激情。从某种意义上讲，就业是民生之本，只有社会公众充分就业，社会才能和谐稳定。"大众创业，万众创新"理念已经成为时代发展的必然要求，将这一理念运用到解决大学生就业的问题上来，必然会带动就业市场的繁荣。创新是一个民族进步的灵魂，在"大众创业，万众创新"的环境中，大学生作为时代发展的主力军，必然会成为创新就业领域的主体。高校教育的主要目的是为社会培养合格的有用之才，因此，进行职业道德教育是提升大学生就业力的重要途径，同时也可以带动国民经济的可持续发展，是践行"大众创业，万众创新"理念的现实需要。

二、大学生职业道德教育的理论创新

大学生职业道德教育是高校当前面临的一项重要工作，我们要站在为社会主义建设培养高素质人才和推进高等教育改革和发展的高度，认真、科学地对待这一问题，努力研究大学生职业道德教育的内容，有效构建大学生职业道德教育的体系和方法。职业道德素质在人的职业素质中居于核心地位。职业道德素质是职业道德心理和职业道德品质的总和。在职业道德教育中，高校应当把坚定正确的政治方向放在首位，促进大学生人生观、价值观、道德观的全面提高，对大学生进行思想道德素质教育,即思想教育与职业道德教育相结合、法制教育与德治教育相结合的教育。

(一)大学生职业道德教育的观念创新

1. 以满足社会需求作为大学生职业道德教育的基本目标

职业道德教育的发展主要是由社会对职业道德教育的需求情况,以及职业道德教育自身的发展速度所决定的。现代社会教育的创新和发展,是以社会对各类人才的需求为主要推动力的。在社会经济快速发展的时代背景下,保持经济结构变化与职业道德教育发展的协调统一,对促进学生的全面发展具有重要的导向作用和实践意义,从而实现职业道德教育发展和社会需求之间的和谐统一。

就目前的发展状况而言,国家教育的发展和社会需求之间呈现出"供不应求"的态势。也就是说,社会的发展对职业道德教育提出了更高的要求。当前,有些高校的职业道德教育结构单一、专业性不强,难以适应社会经济发展和产业结构调整的需要,因此,全面推进我国职业道德教育的发展,对提高教学质量具有重要的作用。

2. 以人性化教育作为大学生职业道德教育的基本理念

当前,教育的发展越来越体现出人性化的趋势,关怀人、以人为本的理念已经被社会上越来越多的人接受。20世纪70年代初,联合国教科文组织提出"学会生存",80年代末国际社会提出"学会关心",都是人性化社会发展趋势的体现。教育人性化是一种现代教育的理念。它强调对教育所涉及的各种因素的重视以及在具体实施过程中进行人性化的分析,以不断满足人类自身和社会发展的实际需求。人性化教育在整个教育系统中占有极其重要的地位。随着社会主义市场经济的快速发展,各高校逐渐接受了新的教学理念,从招生到培养等各个环节,力求与国际化教学发展趋势同步。与此同时,学生对学校的选择范围也越来越广泛,可以根据自己的兴趣和能力,选择最适合自己的学校和专业。高校也积极探索为大学生创造更好的学习环境和提供人性化的服务,增强大学生的学习兴趣。由此可以看出,学校教育的人性化模式和学生的具体选择之间呈现出一定的相关性。因此,各高校在开展职业道德教育活动的过程中,要从大学生的实际需要出发,具体问题具体分析,根据大学生的不同特点设计不同的教学方案,进行个别化的指导和培养,充分调动大学生的积极性和创造性,培养他们学习的兴趣和热情,让每个大学生都能发挥自己的长处、挖掘自己的潜力,培养社会的责任感,对社会充满信心、充满爱心,不断提高自身的职业素质,争取做一名德、智、体、美、劳全面发展的创新型人才。

3. 以主题教育作为大学生职业道德教育的基本方式

推进式教育包括主题教育，主题教育是大学生职业道德教育的一种形式，它有助于引导大学生树立正确的人生方向，设计自身的人生轨迹，丰富自己的生活，为实现自己的人生理想做好充分的准备，以便更好地应对今后在工作中面临的困境。因此，高校有针对性地对大学生开展主题教育活动具有重要的实效性和引导性。

高校应该及早培养大学生的就业意识，有针对性地对大学生进行职业生涯规划指导，以提高大学生自身的就业能力和适应能力。

一般而言，所谓主题教育就是围绕一个教学主题或目标，高校和教师通过各种方式调动全体学生参与教学活动的积极性，让学生在热烈的讨论和交流中，对职业形成新的认知和理解，并将职业道德教育内化为学生自身行为的过程。同时，主题教育活动具有教育性、时效性、准确性、真实性等特点。因此，高校应结合自身发展的实际情况，及时对大学生职业道德教育的内容、目标和具体要求进行调整，以满足社会发展对人才的需求。因此，很多高校看到了主题教育的明显优势，在职业道德教育活动的安排上提高了主题教育活动的比重。

通常情况下，大学生职业道德主题教育应注意三点：一是在确定职业道德教育方向时，要紧跟时代的步伐，与时俱进；二是在主题教育中，必须保证大学生职业道德教育的普遍性，促进教育对象综合素质的全面提高；三是要充分发挥现代传媒技术的重要作用，辅助主题教育开展，发挥积极的正面引导作用，形成良好的社会氛围。

（二）大学生职业道德教育的内容创新

1. 职业道德纪律的教育

职业道德纪律是相关职业人员在职业道德工作和实践过程中形成的具有一定社会意义的规范。职业道德纪律并不是孤立地存在着的，而是与职业道德情感、职业道德精神有着紧密的联系，共存于职业道德教育的内容之中的。

职业道德纪律是职业道德教育的中间环节，它将职业行为内化为一种道德行为。这种道德行为对人的行为准则和一般准则进行了系统的规定。当今的社会是一个法制社会，大学生要更加强调自身的法律义务和责任，不仅要了解作为社会成员的基本的权利与义务，更要知法、守法，自觉维护法律的尊严。身为社会组织或是团体的成员，每个人都应该遵守组织或是集体内部制定的各种规章制度、行为规范。同时严格要求自己，遵守法律法规，维护组织的和谐发展。

在日后的工作中，时刻保持自律，争做社会主义的合格接班人，努力成为德才兼备的优秀大学生。

2.职业道德规范的教育

职业道德规范，相对比较具体，它是一种职业道德精神的客观化。职业道德规范一般涉及的是相关职业人员在职业工作中必须遵守的客观准则和具体要求，对社会成员的职业行为进行具体的指导。职业道德规范，不仅包括职业活动中所触及的各种人际关系的处事原则，还包括约束社会成员行为的评价标准。在日常生活中，从事不同工作岗位的人必须对本行业的职业道德规范进行系统的了解和学习，才能更好地完成自己的本职工作，将职业道德理论与具体的社会实践结合起来，促进自身职业能力的提高。职业道德规范教育在整个道德教育过程中起着重要的推动作用。它是道德观和道德实践相结合的纽带，促使职业人员在社会实践过程中不断提高自身的职业道德水平。

众所周知，树立全心全意为人民服务的人生观、价值观，是社会从业人员所必须坚持的基本行为准则，也是在职人员开展本职工作的根本指导思想和最高标准。全心全意为人民服务是职业道德的核心，它集中概括了职业道德规范的基本内容和本质要求，是所有社会成员在实际工作中必须坚持的出发点和落脚点。职业道德规范教育，是职业道德教育的基础内容，也是所有社会成员共同遵守的行为准则和职业要求，它对各行各业职业人员的基本道德素养进行了明确的规定，所有劳动者都应该在实践环节将其内化为自身的行为习惯和职业素养。其中，五项职业道德基本规范（爱岗敬业、诚实守信、办事公道、服务群众、奉献社会）是为人民服务的核心规范的具体表现，它涵盖了各行各业的职业道德的基本要求。现阶段我国职业道德规范教育的关键任务是，在坚持具体问题具体分析理念的基础上，根据不同学生的自身特点、职业需求，以及所学专业的发展趋势，有针对性地开展职业道德规范教育，促进学生的全面发展。具体的职业道德规范是大学生职业道德教育中最基本的内容，并且带有明显的指向性，因此，高校和教师应深入探究不同专业领域的学生的特点以及将要从事职业的具体情况，制定职业道德规范教育的合理目标，这样在社会实践中才能达到良好的效果。

3.职业道德警示的教育

职业道德警示是相关职业人员在从事职业工作时具有的一种有效的精神力量，它反映出社会对职业道德品质的本质要求，也是职业人员根据自身的职业道德知识和所坚持的职业理念所表现出的一种警示状态。它有利于提高大学从业人员的辨别能力和分析能力，从而提高他们的职业道德规范意识和法律意识。职业道德规范教育的主要目标是，对从业人员的职业道德行为进行有效的规范和指导，引导从业人员树立正确的就业理念。因此，职业道德规范、职业道德警示和职业道德品质，必须在大学生现实的社会生活中有所体现，即将理论知识用于指导社会实践活动，实现实践活动的合理性和有效性。所以，道德行为教育是大学生职业道德教育的根本点和立足点。只有符合大学生实际需要的职业道德教育，才具有很强的可操作性。对于每个职场的人来说，都要通过专业的训练和教育，才会形成符合职业道德规范标准的社会行为。即使人们在通常情况下对规范的言语具有一定的了解，但是在实际操作中，却难以广泛应用，这就不能称为已经形成了某种职业道德品质，只是有意愿和动机罢了。也就是说，高校和教师要积极引导学生参与社会实践活动，投身到自己热爱的行业中进行实地体验，在实践中去构建并强化道德意识，自觉地遵守各行各业的职业道德规章制度，这也是一个人具有较高学业素质的重要表现。一般而言，在具体的工作环境中，职业人员会产生一种自然而然的社会反映和行为，这种自然而然的并具有非强制性和经常性的行为习惯，叫作职业道德行为习惯。苏霍姆林斯基认为："道德习惯的实质就在于人的行为已经由良心的呼唤所支配，而这种呼唤的主调则是道德警示。"

（三）大学生职业道德教育的方法创新

1. 倡导与时俱进的大学生职业道德教育理念

在新形势下，高校加强大学生职业道德建设，要面对挑战，正视现实。大学生职业道德教育要紧贴时代脉搏，注入时代精神，体现与时俱进的思想。高校应根据大学生的文化、精神需要，明确他们的价值取向，研究大学生思想活动的新情况、新动向、新规律，选准切入点、找准着力点，开辟新途径，不断优化教育的载体。在新的形势下，高校要注重利用网络技术，在扩大大学生视野、活跃大学生思想的同时，借助互联网，提高大学生实施思想道德建设的科技含量，加强对各种信息的收集、整理、分析、加工、处理和存储，为开展教师思想道德建设提供更为快捷、准确的资料，同时还应组织专人专班建立大学生职业道德教育网站，提供可为教师随时阅览的有关信息，通过网络，学校领导和各职能部门均可及时与大学生进行思想沟通，迅速了解大学生普遍关心的话题，提高思想道德教育和管理的社会效益。

2. 理论联系实际的教育方法

随着经济国际化、信息多元化的发展，高校和教师应注重对大学生心理素质的培养，引导大学生形成积极、乐观的人生态度，争取成为一名合格的社会主义建设者和接班人。大学生群体处于特殊的人生阶段，尚未形成成熟的思考能力和判断能力，在分析具体问题时，往往缺乏辩证的思维，社会责任感和道德感有待提高。因此，在对大学生进行职业道德教育的过程中，必须坚持理论与实际相结合，从大学生的实际需求出发，培养大学生分析问题和解决问题的能力。现阶段社会发展过程中产生了不同的价值取向，在一定程度上影响了大学生的价值判断。例如，社会主义市场经济体制，培养了人们开拓创新的精神，以及自立自强、民主法治、效率优先、兼顾公平的意识，但是社会主义市场经济的环境也更加复杂，利己、等价交换等思想对大学生的价值取向造成了一定的冲击。大学生就业问题、市场主体多元化等，都是市场经济发展的结果。特别是对当代大学生的影响都是不容忽视的。我们应该看到，当代大学生具有特殊的心理特点，他们往往不满足于现实的生活和学习状态，反对传统的思想观念，不愿被束缚、被教条化，喜欢追求新鲜事物等。所以，高校对职业道德教育的内容设计应该更加广泛和多样化。职业道德教育具有鲜明的时代特征，必须与时俱进、开拓创新。这就要求教育者在教学方法和教学内容上进行新的尝试，汲取国外先进的教学经验，对社会现象的内在联系和本质进行具体的分析。同时，从大学生的实际需要出发，解决大学生最关心的问题，使大学生学会运用正确的人生观、价值观分析社会问题，从而解决社会问题，找到教育理论与实际的最佳契合点。

3. 案例教育方法

案例教育方法，是人们常用的道德教育方法，它具有较强的说服力，晓之以理，动之以情，从而避免了单一的理论教育。

一般情况下，这些案例都是贴近我们生活实际的，是人们熟知的事情。因为案例教育的方法具有一定的代表性和说服力，并且与我们的生活息息相关，所以，更加生动形象，进而受到学生和教师的欢迎，教师爱讲，学生爱听。如果教学活动只有理论而没有实践，就得不到明显的教学效果，单纯的理论教育只是纸上谈兵，毫无意义。而只注重实践没有理论为指导，也是没有任何实际意义的。在现代教学模式中，教师不仅是教授知识的人，还是德育的研究者，应当为学生创造更广泛的发展空间。

4. 模拟情境教育方法

模拟情境教育方法，是指职业道德教育者利用社会环境基础，结合自身的知识和经验，创造一定的职业道德教育环境，并不断提高大学生的职业道德意识，提升职业道德素养的一种方法。模拟情境教育方法注重情感性的作用，具有较强的自愿性、非显露性和愉悦性，符合当代大学生要求获得尊重的需求，可以有效地激发他们的学习兴趣，在毫无压力的学习过程中，实现自身能力的提升。

职业道德教育的模拟情境教育方法有不同的开展形式。第一，要求职业道德教育者以身作则，严格要求自己，在潜移默化的过程中，引导大学生形成自身良好的职业道德素养，让教师成为学生学习的榜样和典范，营造良好的教育氛围。第二，为了让在校大学生能够在学校环境中学习榜样的力量，职业道德教育者就应该不断更新和丰富自己的教育方式，在课堂上经常播放先进人物、道德模范的先进事迹的视频和影像；开展不同形式的模范事迹的讲堂；在校园内雕刻模范的雕像，或悬挂其画像，让学生能够时刻感受到榜样的力量。第三，鼓励大学生经常向榜样道德模范学习，在直接的交流过程中，去感受学习模拟情境。同时，积极创造模拟情境，也就是职业道德教育者要选择性地运用学校环境和社会环境，并适当地创造相应的环境，让大学生在特定环境中接受职业道德教育。良好的学校环境，尤其是学校中的学习和交流，都会对大学生的职业道德教育产生良好的影响，发挥积极的作用。在运用模拟情境教育方法的过程中，需要注意两个方面：一是职业道德教育者应加强自身的道德修养，注意身教的重要性；二是要注意环境创设的适宜性。善于选择道德建设中的有利因素，抵制不良诱惑，并组织大学生积极参与到职业道德教育的建设中去。

第六章 互联网环境下高校思想政治教育的探索

网络的普遍应用提升了人的主体地位,挖掘了人的潜在力量,张扬了人的社会本质,极大地改变了人类的交往方式、认知方式、学习方式、思维方式。具体到高等教育领域,高校信息网络的发展,一方面拓展了思想政治教育的空间,成为高校师生把握国际动态、了解舆论信息的新渠道,为高校思想政治教育工作以最经济合理的投入获得最大的收效提供了新机遇;另一方面在纵向上成为高校思想政治教育的重要渠道,在促进思想文化交流、丰富精神生活和拓展网络交往等方面起到了积极的作用,为高校构建和谐校园带来了新机遇。为此,基于信息网络的高校思想政治教育工作,在继承和发扬优良传统的基础上,必须与时俱进,着眼于和谐校园建设,在内容、形式、方法、手段、机制等方面努力进行创新,探索网络思想政治教育的规律,创新网络思想政治教育的方式,解决网络思想政治教育工作中出现的问题。

第一节 网络思想政治教育的基础理论

一、网络思想政治教育的概念、特征及意义

网络思想政治教育是一种方向性很强的教育实践活动,而这种方向性是由网络思想政治教育的概念和特征决定的。研究网络思想政治教育的概念和特征,不仅有利于进一步明确网络思想政治教育的价值和功能,而且有助于确定网络思想政治教育的原则和方法。

(一)网络思想政治教育的概念

近年来,由于网络对社会各个方面的影响,学术界对网络思想政治教育内涵上的界定主要有两种观点:一种是基于网络的思想政治教育,另一种是网络环境下的思想政治教育。

第六章　互联网环境下高校思想政治教育的探索

1. 基于网络的思想政治教育

持此种观点的学者是对网络思想政治教育的广义理解,把网络作为一种信息技术和信息交流平台,从网络的技术特征角度对网络思想政治教育进行界定。提出的问题是在网络化的社会环境下,传统的思想政治教育从理念到内容、手段、机制与组织方式如何发展、如何创新,是一种思想政治教育体系的构建问题。作为与传统思想政治教育相对应的现代方式,网络思想政治教育是在了解计算机网络和多媒体知识,掌握现代传播技术的基础上,通过制作、传播和控制网络信息,引导大学生在全面客观地接触信息的基础上,选择吸收正确的信息,从而达到思想政治教育的目的。

2. 网络环境下的思想政治教育

网络环境下的思想政治教育是对网络思想政治教育的狭义理解,是把网络作为思想政治教育的新阵地、新工具、新方法,用以加强和改进思想政治教育,是思想政治教育局部体系的构建问题。网络思想政治教育是指抓住网络本质,针对网络影响,利用网络有目的、有计划、有组织地对网民施加思想观念、政治观点、道德规范和信息素养教育方面的影响,使他们形成符合一定社会发展所需要的思想政治品德和信息素养。

以上两种界定,从不同的视角对网络思想政治教育的含义进行了阐述,从网络思想政治教育的具体实践来看,以上两种理解涉及的问题相互交织在一起,是对网络思想政治教育不同层面的阐述和理解,但二者在实现网络思想政治教育功能上是相互影响、缺一不可的。从理论研究来看,网络思想政治教育的广义理解是狭义理解的基础和前提,而狭义理解的高度引领广义理解的高度。

简单地说,高校网络思想政治教育,就是运用网络这一平台积极开展理论教育和思想引领工作,是信息化时代高校开展思想政治教育的新形式、新领域。

(二)网络思想政治教育的特征

1. 思想政治教育的方向特征

思想政治教育工作历来是我们党一切工作的生命线。高校思想政治教育的根本任务是运用马克思列宁主义、毛泽东思想、邓小平理论、"三个代表"重要思想、科学发展观和习近平新时代中国特色社会主义思想武装大学生的头脑,培养有理想、有道德、有文化、有纪律的中国特色社会主义建设者和接班人。网络思想政治教育作为思想政治教育工作在网络的特殊形式,也具有鲜明的政治特性。因此,高校网络思想政治教育要积极引导广大学生牢固树立科学的世界观、人生观和价值观，保证思想政治教育目标的实现，这是思想政治教育的本质要求。

2. 教育形式的不同特征

心理学研究表明，人们接受的外来信息的83%是通过视觉感官实现的，网络语言具有声色俱全、图文并茂、容量巨大的特点，其海量的网络信息内容涉及政治、经济、文化、科技等各个方面，极大地丰富并拓展了高校思想政治教育资源和视野。在思想政治教育的传统模式中，思想政治教育的主体要花费大量的精力准备资料，学生则形式单一地被动接受教育。而网络信息传播的形式不仅是文字，还包括声音、图片、三维动画，甚至是影视；多媒体技术的运用特别是虚拟现实技术采用多种多样的信息呈现方式，充分调动学生的多种感觉器官，使之认识、体验、感知思想变化的过程和情景，做到晓之以理，动之以情，导之以行，更加突出了思想政治教育的效果。

3. 教育主客体的性质特征

与思想政治教育的传统模式相比，网络环境改变了教育者与受教育者的地位，强化了教育主体与客体的平等性，从而更加尊重受教育者的主体地位，使之更好地进行互动性的交流。传统思想政治教育的形式呆板，通过网络，大学生思想政治教育法由传统的单向灌输型工作方式转向双向交流型工作方式。这种双向交流型工作方式又称主客体互动型思想政治教育方式，它很好地契合了大学生心理活动的特点。

4. 教育受众面的特征

传统的思想政治教育经常以"一对一"的形式展开，通过面对面的交流来解决思想上的问题，显然这种方式只能解决单个学生的问题，无法对有同样问题的学生产生影响，而通过讲座、班会等形式虽然可以解决一些问题，但无法有针对性地解决问题，并且受众面是非常有限的。而在网络环境下，思想政治教育者可以通过QQ、微信、微博、MSN等与学生进行真诚而广泛的交流，帮助他们解决遇到的问题；还可以在微博上参与讨论，有针对性地解决不同学生的思想问题，突破了时间和空间的限制，大大扩展了教育的范围。

（三）网络思想政治教育的重要性与必要性

1. 网络思想政治教育的重要性

党的十八大以来，习近平总书记多次就网络安全和信息化发表重要讲话，做出了重要批示，深刻阐述网络安全和信息化工作的重大意义、战略目标和重要举措,这是我们做好新形势下的网络建设和管理,创新高校网络思想政治教育工作的重要指南。近年来,随着现代信息技术的迅猛发展,网络对传统的教育模式提出了新的挑战,也为人才培养提供了新的载体、平台和巨大信息资源。如今,网络化生活已成为当代大学生的常态,对大学生思想行为也带来了全方位、深层次的影响。可以说,当前高校宣传思想工作中的许多新情况、新任务,在很大程度上是因网而生、因网而兴、因网而增,因此,高校网络思想政治教育工作具有重大战略意义。

立德树人是教育的根本任务,引导大学生认同和践行社会主义核心价值观是其中的重中之重。高校要深刻认识到,要使社会主义核心价值观入脑入心,关键是要按照习近平总书记关于"在落细、落小、落实上下功夫"的要求,着力在"无时不有、无处不在"的网络世界中建立"时时可得、处处可及"的情境空间,引导大学生通过互动体验和共建共享将社会主义核心价值观融于血脉、彰显于言行。

对此,网络思想政治教育大有可为,因为其能够发挥即时性、移动性、互动性等网络特点,可以紧密契合当代青年大学生"无人不网、无处不网、无时不网"的生活状态,同时,又充分发挥线上线下班级同构、学习生活资源同步、教师学生交流同行等独特优势,把社会主义核心价值观落细为线上线下活动,落小为数以百计千计的应用功能、讨论议题和网络作品,从而最终落实为满满的网络正能量和昂扬的青春中国梦。

2. 网络思想政治教育的必要性

网络思想政治教育虽然在我国已经经历了多年的发展,但其各方面的建设和发展速度并未与网络的发展以及人们对网络认识和使用率的提升同步,所以,高校必须深刻认识到创新网络思想政治教育的必要性和紧迫性,才能在网络思想政治教育实践中,提高工作水平,深化认识,做好新形势下大学生的思想政治教育工作。大学生的思想政治素质直接关系到建设中国特色社会主义事业的兴衰成败,他们的共产主义理想、社会主义信念是否坚定,思想道德素质是否高尚,在一定程度上决定着社会主义和谐社会建设的前途和命运。加强高校网络思想政治教育工作,提高高校网络思想政治教育水平,提升大学生思想道德素质,对提高党的执政能力至关重要,对建设小康和谐社会至关重要,对培养社会主义合格建设者和接班人至关重要。

青年大学生是网络应用的巨大群体,他们在网络应用中的主体性高度逐步提升,加之网络信息渠道越来越广阔,社会文化思潮、价值观念越来越多样和差异化,所以,网络思想政治教育工作面临的情况也越来越复杂。面对社会不断进步和政治经济文化不断发展带来的机遇和挑战,只有实现网络思想政治教育的不断创新和发展,才能使思想政治教育的内涵和效果得到相应的发展。大学生全面发展所需要的各种知识、能力是随着时代发展而不断变化的,高校网络思想政治教育的创新以大学生的成长成才为最高目标,是保证和促进大学生全面发展的有效途径。

高校网络思想政治教育的创新发展适应了校园文化的需求,可以通过网络参与的方式,拓展思想政治教育空间,同时为校园文化提供新的物质技术环境,以便于在网上构建健康的校园文化。高校网络思想政治教育创新就是要在高校网络中营造一种浓郁的校园网络文化氛围,满足大学生成长成才的知识文化和精神需要,促使大学生道德素养水平的提高,构建网络时代大学生的精神家园。

二、网络思想政治教育的基本原则

网络思想政治教育作为一个运行过程,必须有指导过程顺利运行并能够达到既定目的的基本原则。网络思想政治教育的基本原则是网络思想政治教育过程研究的重要内容。

网络思想政治教育由于是新的思想政治教育领域和形式,在网络思想政治教育的原则上还需要不断探索、不断创新。根据规律性依据和目的性依据及已有的实践经验,信息开放和信息把关相结合、平等互动与疏通引导相结合、兼顾整体和突出重点相结合等应当是网络思想政治教育基本的、重要的原则。

(一)信息开放和信息把关相互结合的原则

根据网络思想政治教育的要求和目的,以及网络社会的基本特征和本质属性,信息开放和信息把关相结合成为网络思想政治教育的首要原则。

1.信息开放原则

信息开放是网络世界基本特征和属性的本质要求,也就成为网络思想政治教育原则的基本要求。现代社会,对各种事情的知情权已成为公民基本的权利,尊重并满足公民的知情权是社会的基本责任,而尊重并满足人们的知情权,最好的方式就是实行信息开放原则,而在网络世界,信息开放就是要做到以下三点:①信息的地域要开放,网络把世界变成了地球村,生活在地球村的每一位"村民"有权利知道"村子里"发生的任何事情。②信息的内容要开放,信息一般是反映事物特征和变化的消息,但要真正通过信息了解事物的特征、属性和变化,就必须使信息的内容充分开放。③信息时间效率的开放,真正的信息开放,不仅是信息地域和内容的开放,还包括信息时间效率上的开放。

2. 信息把关原则

信息把关是网络思想政治教育和社会健康运行的本质要求。信息把关与信息开放表面上矛盾,本质上并不矛盾。表面上矛盾,是因为信息把关总是意味着对有些信息的过滤和屏蔽,而这似乎与信息开放的要求不一致。我们讲本质上是一致的,主要是从两者的目的和功能方面考虑的,信息开放是为了网络受众的知情权和提高网络受众的正确判断能力,而信息把关则是为了使网络受众获得更有用、更有助于判断的信息,为了使网络受众在有限的时间里获得对自己成长更有益、对社会发展更有利的网络信息。总之,都是以网络受众合理权益为本的,在这样一个信息爆炸与人生时间有限的矛盾关系中,人们对生命时间的有限性总体上是无可奈何的,人们能做的就是在有限的生命时间中尽可能获得对生命有用有益的信息。正是基于这样一种以人为本的思想,网络思想政治教育对网络信息应当采取一定的把关原则。

(二)平等互动与疏通引导相结合的原则

1. 平等互动原则

平等互动是网络世界人际关系的本质要求,也是网络思想政治教育的基本要求,在网络世界中,所有的主体都是一个身份即受众或者叫网民,而这种主体又都是虚拟的,可以没有真实的姓名、地址、单位,也不必了解其他受众的"来龙去脉"。这种身份的平等性为主体的互动创造了独特的条件,即思想的交流、情感的沟通和心灵的碰撞共鸣,而这只有在平等的主体间才能真正地实现,在网络世界中进行思想政治教育,没有确定的受众,可以说所有的网络受众都是网络思想政治教育的对象,网络思想政治教育的传播者在网络中也是不完全确定的,网络思想政治教育的平等互动原则是非常丰富的,具体体现为以下三方面:①网络思想政治教育的传播者要充分尊重网络世界虚拟性的本质属性,对待网络受众要允许并尊重其虚拟的身份。②网络思想政治教育的传播者对待虚拟的受众必须有真正平等的态度,网络思想政治教育的传播者应当真正发自内心承认网络受众的平等地位,真正用平等的态度、平等的语气等处理与网络受众的关系。③网络思想政治教育的传播者与受众必须能够形成互动的感应过程。

2. 疏通引导原则

疏通引导是网络思想政治教育功能和价值的必然要求。网络思想政治教育的平等互动只是态度上的平等和心灵上的互动，它并不要求网络思想政治教育的传播者放弃自己教育者的责任和使命。网络思想政治教育的传播者也不能为了实现平等互动而在互动中丧失自己的真正角色和工作方向，平等互动是网络思想政治教育有效实现的基础和前提，在互动中进行有效的疏通和引导才是达到网络思想政治教育目的的关键性因素。

（三）兼顾整体和突出重点相结合的原则

1. 兼顾整体原则

兼顾整体是网络思想政治教育价值实现的本质要求。由于网络的虚拟性、无边界性和受众的流动性，网络思想政治教育难以确定固定的教育对象。任何一个网络传播者，都必须从内心把所有的网络受众作为潜在的教育对象。网络思想政治教育的崇高社会责任和使命，更使网络思想政治教育的传播者必须把每一个网络受众作为网络思想政治教育的对象：一方面，网络社会的特点要求网络思想政治教育的传播者将所有的已有网络受众和潜在的网络受众作为自己的教育对象；另一方面，高校思想政治教育的职责和使命要求网络思想政治教育传播者将所有的网络受众作为自己的教育对象。

2. 突出重点原则

突出重点是网络思想政治教育有效进行的必然要求，网络思想政治教育的对象虽然是整个网络受众，从信念上也不允许放弃任何一个受众，但这并不影响在对象上要突出重点。在网络思想政治教育的对象上突出重点，是由网络受众的特征和网络思想政治教育的内容决定的。网络受众客观上存在着"人以群分"的特点，不同的网络受众群体自身思想道德状况及他们在社会未来发展中承担的角色不同，决定了他们在网络思想政治教育对象中的重要性不太相同，而网络思想政治教育的内容特点及功能追求，决定了对不同的对象应当有不同的要求，那些不具备或不完全具备网络思想政治教育内容要求和功能追求的网络受众群体自然要作为网络思想政治教育的重点对象。青年大学生作为社会和国家的未来，是祖国未来建设的栋梁，决定祖国前途命运，是网络思想政治教育对象的重中之重。

第二节 高校网络思想政治教育方法的创新发展

有效运行是高校网络思想政治教育方法最根本的价值追求。推进高校网络思想政治教育方法的有效运行是指坚持以核心价值观为统领,在遵循方法运行规律的基础上,针对当前存在的问题,调动教育主体的主动性、积极性,从而更好地运用网络技术,使高校网络思想政治教育方法运行更顺畅,达到更好的效果。

一、建设和开发支撑高校网络思想政治教育方法运行的信息技术平台

高校网络思想政治教育方法和网络技术的高度融合决定了高校网络思想政治教育方法的运行离不开信息技术平台,信息技术平台是高校网络思想政治教育方法得以运行的基础。

(一)建设覆盖广泛且便利畅通的校园网

高校网络思想政治教育方法在很大程度上是依托校园网来进行的。校园网建设直接制约着高校网络思想政治教育方法的有效运行。校园网其实就是一种局域网,它是建设在学校区域内为学校教育教学提供资源共享、信息交流和协同工作的计算机网络信息系统。校园网的建设与发展,有利于大学生获取更多的学习资源;有利于教师教育手段的更新和科研活动的开展;有利于学校的教育教学管理更加科学有效;有利于学校与外界的联系更加畅通。可以说,校园网在教育教学中的运用使教育向现代化和信息化迈进。文献调查和走访分析显示,目前,高校校园网建设总体上来说是不错的,几乎每所高校都建立了自己的校园网。越来越多的高校不仅实现了校园内部的网络连通,还在互联网上拥有了自己的主页,一些高校已经可以通过互联网进行远程教学。同时,我国校园网建设也存在诸多问题。例如,许多学校建网起点较低,带宽不足,网速慢,访问性能较差,等待时间较长;部分学校的校园网覆盖范围有限;校园网络的安全得不到保障;等等。这些问题的存在影响了高校网络思想政治教育方法的实施。网络的覆盖面不广泛,不利于高校思想政治教育主体在网上对更多的学生进行教育。而网速慢大大降低了实施网络思想政治教育的效率。

为保障高校网络思想政治教育方法的有效运行,必须建立覆盖广泛且便利畅通的校园网。首先,高校要重视校园网的建设,加大资金投入,这不仅包括校园网建设初期的资金投入,也包括校园网的维护与升级所需的资金投入。而

且校园网维护与升级所需资金更大，计算机技术与网络技术的发展日新月异，校园网的建设必须跟上技术发展的步伐。要使校园网能够覆盖到全校的主要楼宇，将学校的各种工作站、终端设备和局域网连接起来，并与有关广域网相连，以便在网上获取更多的教育资源，从而满足学校教学、科研和管理工作的需要。其次，加强校园网的管理与维护。校园网的管理与维护是一项长期的系统工程，要聘请专业的人员解决防火墙攻击、各种服务器和网络设备的扫描和攻击、非法访问、病毒防护等问题；安装过滤软件，使信息更加安全；安装防毒杀毒软件预防病毒入侵，使用硬盘镜像技术及时替换和补充损坏、丢失的资料等，从而保证网络安全、可靠地运行。

（二）积极开发思想政治教育软件

高校网络思想政治教育方法的运行，离不开各种各样软件的支撑。软件是一系列按照特定顺序组织的计算机数据和指令的集合。狭义的说，软件就是指程序。广义的软件不仅指程序，还包括与这些计算机程序相关的文档，用户主要是通过软件与计算机进行交流。随着网络时代的来临，高校教育正朝着网络化、数字化、虚拟化、多媒体化、远程化的方向发展，各种各样的教育软件已经被开发出来并投入使用，思想政治教育作为一门重要学科，要跟上时代的步伐，也应该开发出专属自己学科的软件。开发思想政治教育软件是指通过专业技术将思想政治教育信息转换成特定顺序的计算机数据和指令的集合以达到对大学生进行思想政治教育的目的。开发思想政治教育软件，首先要明确对象。软件的制作要符合受教育者的知识水平、视听能力、认知特点、兴趣需要等，使大学生可以根据自己的学习兴趣和学习程度，自由选择学习内容，自由控制学习进度。其次在软件内容的选择上，既要坚持马克思主义基本立场和观点，又要选择与大学生生活实际相贴近以及大学生关心的话题。最后在界面的设计上，要简洁、明了，文字、图片、动画、视频等应按教育对象喜欢的方式来表达和设计。总之，思想政治教育软件的设计要集思想政治教育性、知识性、交互性、仿真性、趣味性、生动性于一体，使大学生通过思想政治教育软件真切地感受到精心设计的思想政治教育内容，让大学生在接受马克思列宁主义、毛泽东思想和邓小平理论的教育，党的路线、方针政策的教育，人生观和道德品质的教育的同时，学会生活，学会做人。

（三）建立多种类型的思想政治教育数据库

建立思想政治教育数据库可以大大推进高校网络思想政治教育方法的有效

运行。数据库是存储在一起的相关数据的集合。数据库可以实现数据共享，所有的用户既可以同时存取数据库中的数据，也可以用各种方式通过接口使用数据库的数据；数据库中的数据是结构化的，很少有重复的数据，减少了数据冗余；数据库中的数据的存储独立于其他程序，便于统一管理和集中控制。建立思想政治教育数据库就是将不同类型的思想政治教育信息区别开来，分别建立不同类型的思想政治教育数据库，以方便教师、学生准确查找、下载所需的信息。调查和走访结果显示，一部分教师和大学生对思想政治教育数据库还比较陌生，所以感受不到思想政治教育数据库带来的便利。事实上，建立思想政治教育数据库，可以实现资源共享，减少资源的重复与浪费，所有有资格使用数据库的用户都可以共享同一资源。思想政治教育数据库的管理者可以方便地录入、修改、删除思想政治教育信息，以便对数据库中的内容进行及时更新。对大学生而言，使用数据库可以快速、有效地获得所需信息。建立思想政治教育数据库，是为教师备课和上课服务，是把校园网的应用直接推向课堂，为教师备课及制作课件提供信息资源。教师可以在校园网上建立自己的个人主页，将电子教案搬到网上。思想政治教育教学部门要选择教学、业务能力强，懂得计算机和网络操作的教师负责本学科教学资源的搜集、整理和加工工作。思想政治教育数据库要包括教材、教案、试题、录像、课件及对教师备课有参考价值的多媒体素材。同时，为了方便查找，可以建立不同类型的思想政治教育数据库。如建立马克思列宁经典著作数据库，党的路线、方针、政策数据库等。

二、提升教育主体有效运用高校网络思想政治教育方法的素质和能力

教育主体是高校网络思想政治教育方法的运用者，教育主体的素质和能力的高低、强弱直接关系到方法运用的效果。教育主体自觉使用网络开展思想政治教育的意愿不强，其原因在于教育主体的素质满足不了使用网络教育方法的要求。在网络条件下，教育主体不但要具备传统思想政治教育主体的素质和能力，还应具有更高的政治思想素质、网络信息素质和较强的网络技术能力。

（一）提高教育主体的政治敏锐性

政治敏锐性是指教育主体要防患于未然，能够及时、准确地发现和制止网络上的各种政治性错误，而不是只放马后炮，吃后悔药。如何提高高校网络思想政治教育主体的政治敏锐性。首先，教育主体要具备正确的政治思想观点，这就要求高校网络思想政治教育者树立辩证唯物主义和唯物主义的基本观点，

树立正确的人生观，不断提高自己的思想觉悟和认知能力。只有这样才能客观地分析网络环境下大学生的思想，做好思想政治教育工作。作为教育主体，只有拥有了正确的政治思想观点，才能甄别优劣，引导大学生选择正确的思想观点。其次，要认真学习马克思列宁主义、毛泽东思想、邓小平理论和"三个代表"重要思想，深入贯彻科学发展观，以习近平新时代中国特色社会主义思想为指导进行教学。教育主体只有拥有扎实的理论基础，才能保证高校网络思想政治教育沿着社会主义政治方向前进，才能正确认识网络中错综复杂的信息，从而做好大学生网络思想政治教育工作，这样才能教育大学生在网络领域的意识形态斗争中具备较高的政治觉悟、保持清醒的政治头脑、坚持正确的价值观判断，从而提升大学生对网上传播的形形色色的社会思潮和各种信息的辨别能力。最后，教育主体要拥有坚定的政治立场。作为当代的大学生思想政治教育工作者，必须具有坚定的政治立场，即要时刻站在无产阶级党性原则的立场上，坚持四项基本原则，坚决维护党的利益，只有这样，才能在形形色色的网络信息的冲击下始终坚持正确的思想，坚定不移地对大学生进行思想政治教育。

（二）提高教育主体的网络信息素质

网络信息素质是指在互联网时代下大学生网络思想政治教育主体所应该具备的信息意识、信息品德、信息能力等。网络信息素质是思想政治教育主体运用网络思想政治教育方法必不可少的素质。在网络技术高速发展、各种信息交叉渗透的社会，教育主体对信息进行处理、筛选、鉴别和使用的实际能力显得十分重要。

提高教育主体的网络信息素质，应从以下几个方面入手。

第一，树立敏锐的信息意识。教育主体的信息意识是指教育主体对信息的敏感度，以及捕捉、分析、判断和吸收信息的自觉程度。教育主体信息意识的敏感度关系到教育主体的思想政治教育工作水平和思想政治教育效果。处在互联网时代的教育主体如果信息意识差，那么认识信息、利用信息的能力就差，就不能引导教育对象正确地选择信息。因此，网络思想政治教育主体要树立敏锐的信息意识，要求教育主体善于将网络上新的知识信息与思想政治教育信息有机地结合起来并不断以新的知识信息开阔教育对象的视野，启迪教育对象的思维。

第二，培养高尚的信息品德。信息品德是指一个人在获取信息、处理信息、应用信息、创造信息时被普遍认同的道德观念和必须遵守的行为准则和规范，是伴随信息化社会出现的新的伦理概念。作为网络思想政治教育主体，其信息品德应包括：在与教育对象进行信息的交流与传递时，其目标应该与社会整体目标相一致；自觉地维护网络信息法律法规，抵制各种反动信息；尊重知识产权；尊重个人隐私等。只有这样，教育主体才能成为大学生网络道德的榜样和典范，成为网络时代合格的思想政治教育工作者。

第三，培养信息能力。信息能力是指人们在社会生活及科研活动中选择、加工、传递、吸收、利用信息的能力。而对于教育主体而言，最重要的信息能力包括信息获取能力、信息处理能力和信息传递能力。信息获取能力是指搜集信息的能力，包括了解网络环境、从网络上获取思想政治教育信息以及开发相关的数据库的能力；信息处理能力是指阅读、提取、吸收、存储信息的能力；信息传递能力是指教育主体将信息有效地传递给教育对象的能力，是十分重要的能力，因为教育主体接收信息、处理信息都是为了传递给教育对象。教育主体的信息能力是衡量互联网时代教育主体是否合格的最重要的标准之一。需要注意的是，网络思想政治教育主体的信息能力需要相关的能力作为支撑，如对网络语言的掌握运用能力和英语水平的高低。因为网络上的许多信息都是英文信息，英语水平低的人很难利用庞大的信息资源。而网络语言是伴随着互联网而产生的一种由数字、汉字、符号和英语字母等组合而成的一种语言，因其幽默诙谐、简单方便而在网上快速流传，掌握与运用这些语言可以快速地赢得受教育者的信任和尊重，并与之建立良好的沟通方式和渠道。

（三）提高教育主体使用网络信息技术的相关能力

高校网络思想政治教育方法与网络技术的高度融合决定了教育主体必须拥有熟练的使用网络信息技术的相关能力。只有掌握了这些能力，才可以通过网络，深入把握大学生的思想状况，使思想政治教育更加有的放矢。教育主体使用网络技术的能力越强，工作的主动性就越强。高校网络思想政治教育主体要重点提高的能力有两方面：一是上网常用工具的熟练使用的能力，如 IE、邀游等网页浏览工具；MSN 等电子邮件的收发工具；QQ、MSN 等聊天工具；谷歌、百度等搜索引擎；网际快车、迅雷、BT 等下载工具等，教育主体要能熟练地使用这些工具，要善于用它们来搜索信息、下载信息、处理信息以及与教育对象进行有效交流。二是制作、运用多媒体的能力，包括运用 Flash、Frontpage 等制作网页。教育主体拥有了这些能力，不仅能够准确地掌握教育对象的思想状况，还能够直接提升自身在受教育者中的声誉和威信，使教育主体在运用网络思想政治教育方法时更加得心应手。

三、建立和完善保障高校网络思想政治教育方法有效运行的基本制度

高校网络思想政治教育方法的有效运行要以校园网为依托,校园网的安全通畅是运用网络思想政治教育方法的必要条件。保障校园网的安全通畅,除了技术手段以外,必须建立和完善一系列基本制度。我国高校虽然也制定了一系列相关制度,但是总体上还不够完善。笔者认为,保障高校网络思想政治教育方法有效运行,重点要建立和完善以下三种制度。

(一)建立教育主体网上工作责任制度

要保障高校网络思想政治教育方法的有效运行,就必须制定对教育主体开展网络思想政治教育工作的责任制度,以制度的方式明确规定各方的职责,从而督促教育主体有效运用高校网络思想政治教育方法。中共中央、国务院《关于进一步加强和改进大学生思想政治教育的意见》指出:大学生思想政治教育工作队伍主体包括学校党政干部和共青团干部,思想政治理论课和哲学社会科学课教师,辅导员和班主任。学校党政干部和共青团干部负责学生思想政治教育的组织、协调、实施;思想政治理论课和哲学社会科学课教师根据课程和学科的内容、特点,负责对学生进行思想理论教育、思想品德教育和人文素质教育,辅导员、班主任是大学生思想政治教育的骨干力量,辅导员按照党委的部署有针对性地开展思想政治教育活动,班主任负责在思想、学习和生活等方面指导学生。这些教育主体是大学生网络思想政治教育工作的队伍主体,建立教育主体网上工作责任制可以保证将网络思想政治教育落到实处,教育主体各司其职,避免出现责任不清、互相推诿的情况。

为了落实教育主体的网上责任制度,应该建立高校网络思想政治教育工作的岗位责任体系。校(院)、系党政班子以及党政职能部门对职责范围内的网络思想政治教育工作全面负责。校(院)、系党政班子以及党政职能部门的正职以及班主任、辅导员对职责范围内的网络思想政治教育工作负总责;领导班子其他成员以及全体教职员工根据工作分工,对职责范围内的网络思想政治教育工作负直接责任。在此基础上,对校(院)系级领导班子,学校党政各职能部门,班主任及学生导师等兼职政工人员,以及广大教职员工的网络思想政治教育工作责任予以明确规定,形成岗位责任明确、科学可行的思想政治教育工作责任体系,从而构建起学校多层次、全方位、全员性的思想政治教育工作网络。在安排各教育主体的网络职责时,应考虑到各教育主体岗位的不同,体现出差异性,并在此基础上形成网络思想政治教育合力。

（二）完善大学生网络信息监测制度

高校网络思想政治教育方法是教育主体利用网络向教育客体传递思想政治教育信息的手段、工具、程序等的总和。网络信息良莠不齐，有害信息的传播会干扰高校网络思想政治教育方法的有效运行，弱化其功能。因此，有必要完善大学生网络信息监测制度。当今社会，随着互联网的普及和发展，网络已经成为信息的重要载体，已经成为世界上最大的信息库，并且成为全球范围内传播信息最主要的渠道之一。互联网上的信息数量巨大、内容广泛、形式多样、增长迅速。如此多的信息给大学生思想政治教育带来了便利，大学生思想政治教育的过程，就是信息获取、选择和传播的过程，就是用丰富、正确的信息，影响大学生思想观念和精神状态的过程，其中对信息的收集是前提和基础，而网络大大拓宽了思想政治教育信息收集的途径。同时，我们也应该看到如此多的信息给大学生思想政治教育带来的不良影响。首先是网络信息安全问题，网络上的信息良莠不齐，一些信息是有害的。其次是垃圾邮件问题，电子邮件已经成为人们相互交流的重要方式，几乎每个大学生都有属于自己的电子邮箱，由于获利的因素，一些不法商家或个人经常乱发垃圾邮件，里面包含了不少不健康的信息。这些信息在互联网上的传播严重损害了大学生的身心健康，阻碍了高校网络思想政治教育方法的有效运行，弱化了思想政治教育的功能。面对这样的情况，高校应该完善信息监测制度。信息监测制度的完善，关键是要发挥校园网络中心的职责和功能，把技术监控与管理措施有机结合起来，加强信息的审查和监控。加强对网络入口的控制，利用各种加密技术设置"防火墙"，建立入网审核管理办法、逻辑安全控制系统和网络访问监测系统；利用各种防病毒软件查毒和防毒。同时，在学校建立一个信息监测管理系统，设置相关的责任人，配备专门的信息监测人员轮流值班，加强对信息的监测，一旦发现异常，及时上报给学校相关负责人。

（三）建立大学生网络突发事件的应急制度

高校网络思想政治教育方法的运行离不开网络，网络的正常畅通是网络思想政治教育方法运行的前提条件。网络突发事件的发生是对正常畅通的网络的破坏。网络突发事件是指由于自然原因或人为原因造成的网络系统瘫痪，导致的大量用户数据丢失或带煽动性、蛊惑性的信息的传播等。随着高校信息化建设的不断深入，大学生网络突发事件问题也日益突出，大学生网络突发事件具有速度快、难预测、破坏力强等特点，一旦发生，轻则造成网络不能正常使用，重则会造成网络瘫痪，严重影响了高校正常的教学和管理工作。当一切预防措施和技术手段都未能阻止突发事件的发生时，需要提高对网络突发事件的应急处理能力。对高校而言，就需要建立大学生网络突发事件的应急制度。而建立大学生网络突发事件的应急制度，需要设立网络突发事件应急处理机构。网络突发事件应急小组负责信息网络安全事件的组织指挥和应急处置工作。总指挥由学校领导担任，副总指挥由分管领导担任，指挥部成员由信息中心、宣传部、各学院办公室、学工办、研究生部、保卫处等部门人员组成。指挥部下设办公室，信息中心、宣传部、各学院办公室、学工办、研究生部、保卫处等有关人员具体承办有关工作组织协调、调查取证、应急处理和对外信息发布等工作。不仅如此，各院系部处要做到在第一时间发现问题、处理问题，把问题消灭在萌芽状态。应急制度主要确保在发生网络突发事件时高校能够及时、有效、有力地采取应对措施。确保重要计算机信息系统的运行安全和数据安全，最大限度地减轻网络突发事件产生的危害，保障网络正常安全运行，保护学校的公共利益，维护学校正常的教育管理秩序。

四、不断探索和创造高校网络思想政治教育的新方法

依据网络思想政治教育规律探索复合式的网络教育方法。针对目前教育主体运用网络思想政治教育方法的形式较为单一，高校应根据网络思想政治教育特点与规律，积极探索复合式的网络思想政治教育方法。所谓复合式的网络思想政治教育方法是指高校网络思想政治教育方法的运用方式在实践中必须综合进行，相互配合，绝不能只突出某一运用方式而忽视其他方式的运用，离开了其他方式的配合，则会影响高校网络思想政治教育方法运用的科学性和有效性。探索复合式的网络思想政治教育方法，就是要综合运用高校网络思想政治教育方法。随着网络技术的发展，高校网络思想政治教育方法运用方式的种类在不断增加，综合运用这些方式，对全面认识教育对象奠定了基础。

根据网络技术的发展主动探索新的运用方式。只有不断创新，高校网络思想政治教育工作才能有所突破和进展，才能保持生机和活力。高校网络思想政治教育方法是随着网络技术的发展而发展的，它只有随着网络技术的发展不断地创新运用方式，才能发挥特定的功能。如果只是简单地重复过去的老方式，就难以适应新的运用方式的发展，难以发挥高校网络思想政治教育方法应有的功能。探索高校网络思想政治教育方法的新的运用方式需要从两方面入手。一是对传统的高校网络思想政治教育方法的运用方式进行改造，发现并利用其新功能。如对QQ的利用可以突破传统的聊天功能，多运用其语音功能、传输文件功能、视频功能等。二是要创造新的高校网络思想政治教育方法的运用方式。

这种创新必须以网络技术的发展为基础，如随着微信的流行，高校应该及时利用微信来开展大学生网络思想政治教育。相信随着高校网络思想政治教育方法的不断发展完善，大学生网络思想政治教育工作将会出现突破性的进展。

第三节 高校网络思想政治教育的实现途径

当下我国高校的思想政治教育要适应新形势的发展要求，在继承既有的经验的基础上，结合新形势、新情况，把人的发展的继承性和连续性有机结合起来，从理念、内容、形式、手段等方面不断实现高校网络思想政治教育的创新，努力挖掘大学生的各种潜力，真正实现大学生的充分全面自由发展。人的全面发展是逐步提高、永无止境的动态历史过程，体现着绝对与相对、无限与有限的辩证统一，这就要求高校网络思想政治教育应当在人的全面发展理论的指导之下，与时俱进，不断创新，增强网络思想政治教育的针对性。

一、创新教育理念

高校网络思想政治教育理念创新必须牢牢把握马克思主义基本原理的人的全面发展的科学内涵，树立以人为本的理念、务实的理念、全面发展的理念，发挥大学生的主体性作用，以实现大学生的全面发展为出发点和落脚点来制定网络思想政治教育工作的目标、内容、方法等。

（一）以人为本的理念

一切教育必须以人为本，这是现代教育的基本理念。以人为本的理念已成为当代中国社会发展和时代进步的客观趋势与要求，是推动整个中国社会进一步发展的指导思想。人是教育的出发点，也是教育的归宿，人是教育的基础，也是教育的根本。在高校网络思想政治教育中，坚持以人为本就是提倡高校思想政治教育的本质是人的教育，思想政治教育的"人本性"特征，使思想政治教育真正成为促进大学生全面发展的教育，也就是要彻底纠正高校思想政治教育中人缺位的状态，以学生为主体，以学生培育为工作的出发点和落脚点，以全面开发学生的潜能和发展学生的人格为根本任务，以学生的发展为评价标准，围绕学生的生存和人格发展开展工作，为学生提供有价值的服务和指导。

（二）务实的理念

高校网络思想政治教育必须树立务实的理念，即在具体工作中注意从小处着手,切实解决大学生关心的实际问题,并将教育的内容和目标巧妙地贯穿在解决实际问题的过程中,争取达到既传播教育内容,又赢得大学生尊重的双重效果。如高校一方面可以充分发挥自身人文社会科学的优势,利用网络展现大学生研究深层次理论和实际问题的成果;另一方面可以联系大学生的思想实际开展网络专题报告、社会热点问题讨论等活动,有力地调动大学生学习理论的主动性、积极性,激发大学生思考问题的灵活性。

(三)全面发展的理念

以大学生的全面发展为落脚点,突出高校思想政治教育的时代性。高校网络思想政治教育要遵循大学生全面发展的规律,遵循思想政治教育内化与外化的规律,把握大学生接受人的全面发展规律的心理,关注并尊重大学生主体性的发展,确立思想政治教育工作者的主体性与大学生的主体性共同发展的辩证统一的新理念,使主体性发展符合时代性。高校网络思想政治教育要适应市场经济发展,着重培养大学生的竞争意识和创新意识,打造"互联网+思想政治"的内容,充分提升大学生的思想品质与创造能力,使高校思想政治教育符合时代发展要求。

二、创新教育内容

高校思想政治教育的内容应包括政治教育、思想教育、道德教育、法制教育、心理教育等。它们是相互联系、相互渗透、互为条件、互相制约的统一体。当前,根据大学生的发展实际,高校网络思想政治教育应重点突出以下内容。

(一)加强公民道德教育

毛泽东在关于人的全面发展的理论中谈到要培养高尚的"道德的人",他认为政治教育教会社会主义新人一定要有坚定的共产主义信仰和高尚的共产主义道德情操。当代大学生处于深刻的社会变革时期,因此,高校网络思想政治教育应在坚持原则的基础上加强道德教育,以基本道德规范为基础,深入进行公民道德教育,深入研究大学生的接受心理和知行转换机制,精心设计落实教育基本要求中的一系列中间环节和实际步骤,把道德实践活动融入大学生的学习和生活之中,引导大学生从身边的事情做起,从具体的事情做起,培养良好的道德品质和文明行为习惯。

(二)强化心理健康教育

人的全面发展包括人的个性的自由发展,其中人的心理因素的发展和完善是重要内容。现代社会的开放性、复杂性和易变性，尤其是多元价值观的冲击，使大学生的心理问题日益突出。高校网络思想政治教育要大力加强大学生的心理健康教育，根据大学生的心理特点，有针对性地设置心理健康知识专题，建设普及性的网站，开展线上辅导或咨询活动，以帮助大学生树立心理健康意识，优化心理品质，增强大学生的心理调适能力和对社会生活的适应能力，预防和缓解心理问题，帮助他们处理好适应环境、自我管理、学习成才、人际交往、交友恋爱、求职择业、人格发展和情绪调节等方面的困惑，提高心理调节能力，培养良好的心理品质。

（三）侧重人格养成教育

人格教育是通过观察、评定的方法来了解大学生的人格特点的，采取各种教育和心理学手段，补救和改进人格缺陷，促使人格健康发展，形成健全人格。要注重大学生人格的协调发展，不仅要重视大学生的社会化，培养社会发展所需的人格特征，使大学生自觉养成理解别人、尊重别人、舍人之短、真诚合作的优良品质；而且要重视大学生的个性化，强化大学生的主体意识和主体地位，通过网络思想政治教育达到培养当代大学生乐观、诚实、自信的健全人格。

三、创新教育方法

（一）网络信息引擎方式

网络信息引擎方式是指运用相关网络信息引擎工具有意识地搜索有关网络思想政治教育信息实施网络思想政治教育活动，从而达到实现网络思想政治教育目的的一种具体方式。现实思想政治教育往往是直接通过语言或直觉等方法将信息"推给"受教育者，教育者不需要去寻求思想政治教育信息。网络思想政治教育信息是在海量信息中与其他信息夹杂在一起的，需要网络受众自主地将信息"拉出来"，"拉出"信息就需要运用网络信息引擎具体方式，这种方式在网络思想政治教育虚拟活动中是最为常规普遍的网络信息检索方式，是网络受众就相关信息进行关键词、词组或自然语言检索的方式。

（二）网络疏导方式

网络疏导方式是指网络思想政治教育主体通过网络虚拟空间如QQ、微信、E-mail、博客以及青媒在线、中大在线、易班虚拟社区等，有计划、有目的地针对网络受众群体在网络上呈现出的各种思想、道德、心理等问题所采取的一种有效疏通和引导方式。网络疏导方式必须坚持以人为本、疏通与引导相结合、个性疏导与群体疏导相结合的原则。依据不同网络载体特点,网络疏导方式可以分为即时性疏导方式、延时性疏导方式、渗透式疏导方式和参与式疏导方式等。

1. 即时性疏导方式

基于互联网即时性互动平台(如QQ、微信等即时性互动交流平台),以讨论、交流的方式对网络受众思想、道德、心理等方面的问题或疑惑实施有目的地疏通引导的一种教育方式。

2. 延时性疏导方式

基于网络延时性互动平台(如E-mail等平台),通过问题咨询,网络思想政治教育主体以疏通和引导的方式帮助网络受众就有关问题进行解疑释惑的一种教育方式。

3. 渗透式疏导方式

网络思想政治教育主体有目的、有意识地通过综合类大众性的网站,就网络受众共同关注的问题主动进行疏通和引导的一种方式。

4. 参与式疏导方式

网络思想政治教育主体主动参与互联网的有关专题性论坛,并发表自己的意见和观点,从而实现对网络受众疏通和引导的目的。依据互联网的舆情性质,可以将参与式疏导方式分为因势疏导、造势疏导、转向疏导等方式。

(1)因势疏导方式

教育主体根据网络思想政治教育的目的和要求,顺着网络舆情发展态势或趋势有目的地对相关网络受众进行疏通和引导,进一步强化网络受众对网络舆情信息的接受、认同,从而实现网络思想政治教育目的的一种方式。

(2)造势疏导方式

互联网空间尚未形成一种主流的网络舆情,但具有形成主流网络舆情可能,网络思想政治教育主体运用相关网络舆情引导的方法和技巧,在网络舆情形成的初始时期积极主动地营造网络舆情氛围,吸引更多的网络受众参与到网络讨论中,使之逐步形成主流网络舆情,然后根据网络思想政治教育的目的和要求,顺着网络舆情的发展态势或趋势有目的地对相关网络受众进行疏通和引导的一种方式。

(3)转向疏导方式

教育主体根据网络思想政治教育的目的和要求,因网络舆情发展态势或趋势不利于网络思想政治教育目的的实现，甚至同网络思想政治教育的目的相违背，需要对现有网络舆情进行调控，甚至是需要采取一定的手段和措施对现有的网络舆情进行弱化，使网络舆情重新朝着有利于网络思想政治教育方向发展的一种网络疏通和引导方式。

（三）网络咨询辅导方式

所谓网络咨询辅导方式，是指网络思想政治教育主体根据一定社会经济、政治、文化和社会发展的要求以及网络受众思想道德水平现实状况和发展的需要，通过互联网络虚拟空间，对网络受众所提出的有关心理、思想、行为等方面问题所采取的商讨、协商、指导等虚拟方式或手段的总和。

（四）网络自我教育方式

网络自我教育方式是网络主体性原则运用的具体表现形式和要求，网络思想政治教育的主体性原则，要求把教育和自我教育结合起来，发展网络受众的主体意识，促进网络受众自主地选择信息、运用信息和吸收信息，激发自我教育的需要，培养自我教育的能力，将网络思想政治教育信息内容转化为自我发展的需要，从而实现由他教转向自我教育。

（五）虚拟实践体验方式

虚拟实践体验方式，又称虚拟实践教育法，是指网络思想政治教育主体运用现代网络技术手段和丰富的网络思想政治教育信息资源，有目的、有计划地组织引导网络受众参加各种形式的虚拟实践活动，从而通过虚拟实践培养网络受众的良好的品德和虚拟行为习惯的方式。

第七章　新媒体环境下高校思想政治教育的提升

新媒体环境下的高校思想政治教育是伴随着信息技术的发展和应用而形成的。它不仅是一种基于信息网络技术的思想政治教育，更重要的是帮助人们通过教育正确认识、宣传和创造信息，充分利用信息技术发展带来的优势，力求使每个大学生都能成为具体信息人的过程。

第一节　新媒体时代高校思想政治教育工作者新媒介素养的提升

如今新媒体技术的迅猛发展，新媒体时代对思想政治教育工作的"媒介化"发展提出了新的要求。在利用新媒体对大学生进行理想信念教育时，高校思想政治教育工作者要充分承担起"舆论领袖"的角色，主动面对新形势下的新挑战，全面提升自身媒介素养，有效地利用新媒体技术开展教育工作，开拓思想政治教育工作新局面。

一、新媒体时代提升高校思想政治教育工作者媒介素养的必要性

如今数字电视、网络、5G手机等新媒体已成为大学生学习生活中不可或缺的部分，国内的多数学者把目光聚焦在了对大学生媒介素养教育问题的探究上，却忽视了对高校思想政治教育工作者开展媒介素养教育的必要性。而新媒体使高校思想政治教育面临着前所未有的挑战。随着传播技术的发展，网络受众可以以数字和电子信息技术为平台，自由地发布和整合信息，并即时进行互动。而在我国传统的高校思想政治教育模式中，信息的传播是单向性的，教师按照预先设计好的模式来给学生进行"填鸭式"讲授。随着 Web 3.0 技术的成熟，信息变成了多向性的，教师课堂上所阐述的观点网络上可能会有无数种不赞同的说法，在这种情况下，如果高校的思想政治教育队伍不能够利用网络作为思想政治教育的新平台与学生进行即时沟通，仅以传统的一对一、一对多的教育

模式进行教育，效果可想而知。因此，必须提高高校思想政治教育队伍甚至整个教师队伍的媒介素养。现实中，由于大学生能够快速接受新事物，他们更易于掌握最新的传播技术，并且在速度上领先于教育工作者，而教师媒介素养缺乏导致他们不能有效地与学生进行沟通，这是思想政治教育效果不理想的一个主要原因。在大众媒介面前，必须改变传统意义上的教师权威，努力提升教师的媒介素养，只有这样才能更深入地了解学生，为学生的媒介素养提升做指导。

二、新媒体时代对高校思想政治教育工作者媒介素养的要求

（一）应具有敏锐的媒介信息意识

媒介信息意识是指对媒介的发展、运用、需求等方面的自我意识，主要表现在人们从媒体的角度去感受、认识、理解、评价自然界和社会中的各种现象、行为和洞察有用的媒介信息的能力。在新媒体环境下，高校思想政治教育工作者最大的阻碍不是技术问题，而是价值观念和思维模式滞后的问题。新媒体增大了高校思想政治教育工作者与受教育者之间沟通的距离，而师生之间交流不通畅的主要原因，在于教师或辅导员对学生媒体信息交流的内容和方式了解不足，导致教师观点难以被学生认同，甚至还有可能使他们产生逆反心理。因此，高校思想政治教育工作者必须具备较强的信息意识，很好地利用网络等新媒体平台，掌握大学生的沟通方式，保证与大学生进行顺畅的交流，只有师生之间有了良性的交流，思想政治教育工作才会取得实效。

（二）应具有较强的媒介能力

只有媒介意识，没有媒介能力，就不能充分利用新媒体为高校思想政治教育工作服务。新媒体时代，高校思想政治教育工作者应该具备如下四个方面的媒介能力。

一是媒介的运用能力。高校思想政治教育工作者只有在了解媒介基础知识、熟练运用媒介设备的基础上，才能准确使用媒介工具，从而对各类媒介信息进行检索、存储和制作，进而与大学生展开新媒体平台上的沟通、交流，有针对性地开展思想政治教育。

二是媒介的批判、反思能力。媒介的批判、反思能力是高校思想政治教育工作者运用马克思主义基本原理，结合现有的知识储备，对媒介信息进行科学鉴别，揭示信息背后所隐藏的意识形态，从而保持对信息的清醒认识的能力。在工作、学习、生活中，高校思想政治教育工作者应该学会运用符号分析的方法进行反思，利用网络、报纸、广播、电视媒介合理地表达自己的观点，增强

信息的过滤能力和免疫能力，进而提高自己的媒介水平。

三是分析制作信息的能力。分析制作信息的能力是指高校思想政治教育工作者利用已经获取的有价值信息，遵循思想政治教育工作基本原理，结合新媒体的应用，分析、创作出适合大学生思想政治教育工作材料的能力。新媒体时代，信息技术特别是互联网技术取得了快速发展，高校思想政治教育工作者除了掌握思想政治教育基本功之外，还应适应新媒体时代要求，注重自身能力结构的完善，具备创造性地分析、制作信息的能力。

（三）应具有崇高的媒介道德素养

所谓媒介道德是指在媒介活动中的信息接收者、使用者、加工者和传递者之间各种行为规范的总和，即整个媒介活动之中的道德。新媒体时代引发了一系列媒介道德伦理问题。在这种情况下，高校思想政治教育工作者只有自身具备崇高的社会道德，才能帮助大学生树立媒介道德意识，使他们学会正确使用新媒体，从而避免新媒体带来的负面影响。高校思想政治教育工作者的媒介道德素养主要包括以下几个方面。

一是媒介伦理道德意识。在新媒介中，人们把媒介伦理道德称为"第一道防火墙"。高校思想政治教育工作者应在心理和思想上建立起抵御互联网不良信息的防线，树立正确的新媒体伦理道德观念，恰当地控制自己的媒体行为，自觉抵制不良信息的侵袭，从而成为一名合格的媒介使用者。

二是媒介法制观念。高校思想政治教育工作者只有具有媒介法制的观念，全面增强媒介法律法规意识，才能在法律规定的范围内正确使用媒介及利用媒介信息开展思想政治教育；在此基础上，才能针对大学生开展有说服力的媒介素养教育，全面提升思想政治教育工作的实效性。

三是社会责任感。高校思想政治教育工作者除了要担负大学生的思想政治教育职责，也要承担起媒介与舆论导向的责任。因此，其媒介道德水平、社会责任感就显得尤为重要。只有具有较高的社会道德水平，并在实际工作中坚持知行合一，自觉强化媒体观念，才能真正树立为学生、为社会服务的意识，进而做好新时期的大学生思想政治教育工作。

三、高校思想政治教育工作者媒介素养的提升策略

如何挖掘新媒体技术的思想政治教育功能，如何充分利用新媒体增强思想政治教育的效果，提升教师的新媒介素养是前提条件。但是，相关教育者的专业特性决定了他们在信息技术、媒体利用等方面具有一定的局限，其媒介素养

整体水平不够理想,而当今大学生的媒介素养,尤其是媒体技术能力普遍优于思想政治教育工作者,这就要求教师必须努力提高自身媒介素养。为此,我们提出如下策略。

(一)开展培训活动,全面提升媒介素养

开展各种培训活动是目前提升教师媒介素养的基本途径。近年来,计算机等级考试、计算机应用能力考试等在高校的推行,一定程度上实现了媒体技术的普及;各级各类专业培训也并不少见,如教育部全国高校教师网络培训中心等机构在高校教师网络培训方面做过不少工作,但在培训计划中,针对思想政治教育课程的培训内容较少。因此,笔者建议在培训形式、培训内容与培训过程三个方面应有所改进。

在培训形式上,专项培训与综合培训相结合。专项培训是指提高教师媒介素养的专门性培训。目前常见的有普及性培训,如教师参加全国信息技术等级考试之前的集中培训;有针对性培训,如教育部全国高校教师网络培训中心举办的与专业课程对应的培训。综合培训是指在对思想政治理论课教师进行专业培训中穿插安排的培训,如教育部组织的高校思想政治教育骨干教师研修班,其宗旨是从多个方面加强教师队伍建设,提高思想政治教育工作理论水平,培训中往往会安排与教师媒介素养提升相关的专题讲座。目前培训形式存在的主要问题是,针对思想政治理论课教师的专项培训较少,而综合培训中,受学时、场地所限,学员相关学习仅限于听与看,而没有条件一试身手。

在培训内容上,应使技术培训、媒体能力培训、法律法规培训、其他专题培训相结合。除关于信息技术的普及性、一般性培训之外,还应有针对性地开设相关技术培训课程,为思想政治教育工作者提供设备与实践场所,使他们有条件将所学技术向应用转化,为进一步将其渗透到教学之中奠定基础。

现阶段,我国与公民媒介素养息息相关的法律法规大致包括三大类:一是基本成形的网络媒体管理与规制的法规体系,如《互联网信息服务管理办法》《互联网著作权行政保护办法》等;二是我国现行立法中与网络舆论相关的内容;三是在手机信息使用方面的相关规定,如《通信短信服务管理规定》等。了解这些有关网络及传媒的法律规范,有利于提高教师的媒介素养、创建良好的网络环境。另外,培训还应有针对性地涉及一些专题,如新媒体技术如何更好地应用于政治理论课程、如何在思想政治教育教学中贯穿媒介素养教育等。应让在这些方面有研究、有心得的一线同行走上讲台,传授经验、交流体会,有针对性地解决教学中的问题。

在培训过程中，应注意定期的专业培训与不间断的自我培训相结合。新媒体的概念维度之一是时间性，新媒体是相对于旧媒体而言的，随着技术的日新月异，新旧更替成为必然。随之，公众需要熟悉新媒介、掌握新技术、提高信息素质、增强运用传媒的能力，使自身的媒介素养持续提升，所以对于高校思想政治教育工作者来说，自身媒介素养的提升应贯穿于职业生涯的全过程。为此，专业培训不可少，需要高校思想政治教育工作者形成良好的媒介素养意识，保持知识更新、技术更新与理念更新，跟上新技术发展的节奏，满足现代教育教学的需求。

（二）开展科学研究，促进成果推广与资源共享

关于新媒介素养对思想政治教育的影响的研究还不够深入，尚有大量的问题亟待解决，需要学校及各级管理部门营造科学氛围，划拨资助基金，鼓励教师展开研究，从而提高教学效果，提升教育者的媒介素养。

在学习相关理论、掌握一定技术、利用数字校园环境的基础上，身处思想政治教育一线的工作者可以结合日常的工作，建设网络平台，增加师生之间的交流互动；也可以将经典案例、相关视频资料、学生活动等编辑成系列视频，最大限度地发挥新媒体技术的作用。

与西方国家相比，我国的传媒素养教育还有很大提升空间，适用于中国国情的媒介素养教育方兴未艾，高校相关教育者需要大力开展媒介素养教育研究，尤其是编辑撰写可针对不同类别人群使用的教材。高校思想政治教育工作者应该与信息技术人员、新闻学与传播学专业人员合作，编写适合高校思想政治教育工作者的媒介素养培训教材，满足专门培训的要求。

近年来，媒介素养教育与思想政治教育的交叉研究也引起研究者的关注。在我国高校媒介素养教育的起步时期，思想政治教育工作者可以适度地在思想政治教育中融入媒介素养教育的内容，借助媒介素养教育来提高思想政治教育的效果，使二者相得益彰。一些深受社会舆论关注的事件可以作为此类研究的案例，通过对围绕这一事件各个方面声音的分析，一方面教会学生用科学的世界观、方法论来认识世界，另一方面引导他们理性地看待媒体信息，指导他们学会运用新媒体传播健康信息，树立正确的网络道德观，为建设和谐社会、创建良好网络环境做出自己的贡献。

经过一段时间的研究积累，当今高校在媒介素养教育、网络思想政治教育方面已经取得了不少成果，这些成果一般表现为论文著作、教材教辅资料、实践中的经验总结、数据资源库、网络平台系统等。这些成果应当及时应用于教

育实践中，在尊重版权、保护版权的前提下，有关部门应创造条件督促这些成果的推广与资源的共享。当在实践中探索出的好办法在更广的范围内得到采纳时，当相关网络平台点击率不断提升时，当所涉资源库的访客人数不断增长时，当更多的大学生关注严肃游戏时，这些科研成果的价值才算真正得到实现。

（三）建立评价体系，引导规范媒介素养教育

新媒体环境之下，高校教学管理和评价需要引入对教师信息能力、媒介素养的管理与评价，形成一套较为完善的高校思想政治教育工作者媒介素养评价体系，以提升媒介素养教育的质量。因媒介素养教育需要软硬件技术与环境的支持，这一评价体系从内容上可以分为媒介素养环境评价、教师媒介素养评价两个部分。

高校建设新媒体技术环境，包括硬件建设和软件建设，如提供功能齐全、技术先进、充分满足活动需求的多媒体网络教室；在学校网络教学平台开设思想政治教育网站；相关部门为思想政治教育活动进行录像、为学生活动观摩提供条件和场所等。学校还应通过科研立项、教学评价等手段，鼓励思想政治教育工作者利用新技术开发思想政治教育新媒体模式，建设开发相关的资源库，编写相关教材，应用新媒体技术更新活动方式，形成提高师生媒介素养的良好环境。

建立高校思想政治教育工作者媒介素养评价体系，一方面可以引导督促思想政治教育工作者参与教育学习，提高自身的媒介素养；另一方面可为相关培训、教师自学提供质量规范标准。评价体系内容应基于三个层次：一是观念意识层面，二是技术应用层面，三是媒体信息综合利用层面。观念意识是先导，技术应用是基础，而媒体信息综合利用是核心与归宿。

评价体系应考虑到全面性与系统性的结合，尤其要体现教师媒介素养对思想政治教育的积极作用；注意体现工具性与实践性，高校思想政治教育工作者媒介素养标准的重点应是如何利用新媒体技术开展工作、如何促进学生新媒体素养的提高；还应重视评价标准的开放性与可行性；最后要注意标准的层次性与差异性，考虑到高校思想政治教育工作者在年龄、兴趣、知识结构等方面的不同，既要体现高标准的导向性，也应该关照可行的底线。

评价体系可采用量表与网络相结合的形式，以传统量表式或者试题式，通过考试或者答题，形成评价；同时，平行建立网络评价体系，持续地收集信息，既可形成最终的总结性评价，也可进行有阶段性的考量，实现形成性评价，同时也可以有针对性地提出解决方案，以评价促提升，体现评价体系的诊断性。

总之，提升高校思想政治教育工作者的媒介素养已经成为现阶段增强高校思想政治教育效果的一个重要方面。思想政治教育的目的是提高学生的思想政治素质，其意义在于引导学生形成正确的人生观、世界观和价值观，在这一过程中，高校思想政治教育工作者的媒介素养如何、实施媒介素养教育的效果如何都将具有重要的影响。

第二节 新媒体时代高校思想政治教育实效性的提升

一、高校思想政治教育实效性概述

（一）高校思想政治教育实效性的含义

思想政治理论课是高校对大学生进行思想政治素质教育、品德教育和马克思主义理论教育的主渠道和主阵地，对大学生政治方向的引导以及世界观、人生观和价值观的形成，培养他们成为中国特色社会主义事业的建设者和接班人具有十分重要的作用。高校思想政治教育实效性的增强是高校教学工作改进的重要的中心环节。

对于高校思想政治教育实效性的基本含义，学术界尚未有一致的解说。已公开发表的学术文章，大多以实效性为一个约定俗成、人所共知的概念，而不予以界定和分析就直接使用，很少对高校思想政治教育的实效性进行必要的阐释。

张耀灿、郑永廷、吴潜涛等学者在《现代思想政治教育学》一书中提出："思想政治教育的实效性，主要指方法的可操作性，在实践中的可行性，产生良好结果的可靠性。"在《德育实效性研究与实践》一书中，古人伏对德育实效性的含义进行了阐述，"所谓德育实效性，是指教育者通过德育过程对受教育者施加德育影响所产生的实际效果。其中既包括实际取得的效果，又包含德育的投入与实际收效的相应比例，即投入与产出之比。也就是说，德育的实效性就是指德育预期目标达到的程度和德育任务实际完成的状况，其最终落脚点在学生思想品德水平的提高"。葛坤英在《高校思想政治教育要注重实效性》一文中提出，"高校思想政治教育的实效性，是指在一定的环境条件下，高校思想政治教育的具体实施对高校人才培养目标的实现程度"。杨双在《高校学生思想政治教育实效论》一文中对"高校学生思想政治教育实效"的含义进行了广义和狭义上的解释，他认为"广义上的高校学生思想政治教育实效，就是按照

第七章　新媒体环境下高校思想政治教育的提升

高校学生思想政治教育目标要求，开展思想政治教育活动，其结果与高校学生思想政治教育目标相比，所达到的真实、有效的程度，以及这一结果给受教育者带来的实际利益和社会带来的实际好处，既包括物质成果，也包括精神成果。而狭义上的高校学生思想政治教育实效，是指按照高校学生思想政治教育目标、教育内容的要求，结合高校思想政治教育的特点，发挥高校思想政治教育功能，对青年学生开展思想政治教育活动，其活动结果（青年学生的思想政治素质）与高校学生思想政治教育目标相比所达到的真实、有效的程度"。

尽管学者们从不同的角度对实效性的相关概念进行了阐释，为开展高校思想政治教育实效性的研究提供了可借鉴的宝贵资料，但是，诸多的研究成果并没有对高校思想政治教育实效性的具体内涵进行直接的描述。因此，有必要对高校思想政治教育实效性的基本含义做进一步的研究。

思想政治教育的实效性，首先要看是否保证了社会主义方向，有了这个根本前提，才能更好地完成具体任务。因此，高校思想政治教育实效性，是指思想政治教育者在不断提高自身素质、不断优化教育环境的同时，按照教育规律和大学生思想政治品德形成规律，通过科学设计思想政治教育目标与内容，努力改进思想政治教育的方法与途径，提高大学生思想政治品德认知水平，培养率真情感，磨砺意志，使他们养成良好行为习惯，促进大学生全面发展所达到的真实有效的程度。可以说高校思想政治教育实效性强调的是思想政治教育活动的质量，重点在培养大学生良好的思想政治品德，其基本内涵包括思想政治品德认知提高、情感培养、意志磨砺、行为习惯养成四个主要方面。

第一，思想政治品德认知提高。所谓思想政治品德认知主要是指大学生对社会主义道德知识的感知、理解和接受，并逐渐掌握和内化，形成一种比较系统的看法。通过思想政治教育，促使大学生由感性认识不断上升到理性认识，提高思想认识水平，促进社会道德要求转化为大学生个人的内在品质，帮助大学生树立正确的世界观、人生观、价值观。

第二，思想政治品德情感培养。这里主要指大学生根据社会主义思想道德准则，在处理人际关系和对别人与自己的行为进行评价时产生的一种情绪体验。培养大学生丰富的思想政治品德情感，可增强大学生思想政治品德认知，通过自身的情绪体验，评价、调节大学生的思想道德观念或行为，使大学生有所为、有所不为，对大学生思想政治品德的形成起催化和强化作用。

第三，思想政治品德意志磨砺。思想政治品德意志是大学生在履行思想道德义务过程中所表现出来的自觉克服一切困难和障碍的毅力。大学生思想政治品德是凭借个人意志选择而获得的行为习惯，意志对大学生思想政治品德的形成起调节、监督和控制作用。因此磨砺大学生的意志，可以提升其思想道德判断能力，促使认识、情感向行为转化。

第四，思想政治品德行为习惯养成。思想政治品德行为是指大学生在社会主义道德意识支配下所采取的自觉自愿的行为，它是品德的外部状态，表现为道德活动和道德习惯。一定的道德行为经常表现出来，便会形成一定的道德行为习惯，从而表现为具有稳定特征的品德。这种品德督促大学生把认识和情感转化为行为，依靠意志来坚持行为，养成良好的行为习惯，形成优良思想政治品质，这种品质反过来又增强思想政治品德认知。

（二）高校思想政治教育实效性的研究现状

高校思想政治教育实效性指的是高校思想政治教育所取得的实际功效、效益。大学生日常思想政治教育的实效性，近年来逐渐成为思想政治教育理论工作者和实际工作者关注的一个热点问题，涌现出了不少有一定水平的研究成果。这些研究成果不同程度地涉及了大学生思想政治教育的评价标准、观念创新、队伍建设、增效对策等，在一定程度上揭示了大学生思想政治教育实效性弱化的原因，探讨了增强大学生思想政治教育实效性的基本对策，使得大学生思想政治教育受到更加广泛的关注。大学生思想政治教育主要包括思想政治理论教育和思想政治实践教育两个重要方面，一个是主渠道，一个是主阵地，都是非常重要的方面。这两方面对大学生思想政治教育的地位和作用做了明确定位。

目前高校思想政治教育实效性的研究还有很大提升空间，研究的广度和深度都明显不足，主要表现在以下两方面。

1. 关于高校思想政治教育实效性的专题研究不足

关于高校思想政治教育实效性的研究，在相关的中国学术期刊网上进行搜索，研究论文还不是很多，也缺少专门的、系统的研究。此外，相关的研究深度也不够。例如，对高校思想政治教育缺乏实效性的原因进行分析研究的文章往往观点、思路陈旧，内容千篇一律，多数是从经济全球化、信息网络化、经济市场化、价值多元化、后勤社会化、追求个性化等方面对大学生思想政治教育提出的挑战谈起，然后得出"重灌输、轻引导""重社会价值、轻个人价值""重整体利益、轻个人利益"等一般性的结论，而很少发掘影响高校思想政治教育实效性的深刻的社会原因，很少分析高校思想政治教育自身存在的问题，自然很难找到真正的症结所在。还有许多文章关于提高高校思想政治教育实效性往往是面面俱到，大体从思想认识谈起，然后是教育内容改革、方法手段创新、队伍建设、校园文化建设、网络思想政治教育、社会实践活动开展等方面，这些内容论述全而不精，大而不细，泛泛而谈，可操作性不强。究其原因，还是对如何提高高校思想政治教育实效性的研究不够深入，提炼不出操作性强的真知灼见和具体对策。

2. 对新生代大学生思想和行为特点的分析不够深入

高校思想政治教育与思想政治理论教育一样，有其自身的规律。思想政治教育必须遵循以学生为本的内在规律，从大学生思想品德形成的过程来看，有一个由低级到高级循序渐进的过程，高校思想政治教育应该体现相应的层次性和连续性。

众多研究者也对新生代大学生思想和行为的特点进行过一些分析与研究。但研究的结果要么过于笼统，泛泛而谈；要么只是对某一所高校某次调查的具体分析，得出的结果缺乏普遍性，缺乏对不同时期、不同地区、不同层次的大学生思想和行为特点的综合、比较研究，对高校思想政治教育的开展缺乏较强的指导性。而缺乏科学的理论指导，会严重影响高校思想政治教育的实效性。

在研究方法上，重理论研究，轻实证研究；重经验总结，轻调查研究；理论与实践结合得不够好。研究方法上的缺陷严重影响了高校思想政治教育实效性的进一步深入。

（三）高校思想政治教育实效性的规定性

高校思想政治教育工作实际上是大学生美好心灵塑造的工作，其实效性的实质，就是高校思想政治教育预期目标的实现程度和高校思想政治教育任务的实际完成情况。

在高校思想政治教育工作体系的各个环节和运行的过程中，始终贯穿着高校思想政治教育的实效性，它是思想政治教育生命力的标志和体现，是衡量高校思想政治教育成功与否的基准和标尺，是思想政治教育的直接目的和终极目标。但由于思想政治教育高投入、低实效的客观现实，高校必须坚持效益性原则，增强实效。将高校思想政治教育视为一种特殊社会实践活动的学生思想教育，需同经济一样，能够产生效益。这里的效益是衡量高校思想政治教育实效性高低的标准，重视高校思想政治教育效益性，就是为了充分发挥教师、学生和教育环境等要素的作用，通过选择正确的内容，采取科学的方法，以最短的工作时间投入、最低的物力和财力消耗，获得培养符合社会进步和经济发展所需要的人才的最佳效果。高校思想政治教育的成效不在于找学生谈心上百次，不在于家访几十次，不在于大型报告或讲座举办多少次，最终还是要看给学生解决了什么问题。高校思想政治教育产生的效益，首先体现在大学生美好心灵的塑造、素质的提高上,其次体现在培育"四有"新人上。育人与否,在多大程度上育人,是衡量高校思想政治教育效益的直接标准。

可见,高校思想政治教育实效性科学内涵的本质,就是育人的实效性。高校思想政治教育是高校素质教育的灵魂,是关系到高校培养的人才"走什么路,举什么旗"的关键问题。实效性直接关系到培养的人才的政治方向、人格的完善,关系到如何培养全面发展的大学生,而不讲实效就失去了其存在的价值。因此,增强高校思想政治教育实效性就成为当务之急,这就要求高校思想政治教育工作者具有高度的责任感,在实施教育过程中从实效性出发,坚持运用正确的方法、原则,纠正或修正在实践中被证明是错误的方法、原则,以达到培养大学生良好的思想品德的目的。

二、提升高校思想政治教育实效性的途径

(一)转变教育模式方法

1.改革思想政治教育教学模式

第一,创新教学模式是提高教学效果的有效手段之一,要提升新媒体背景下高校思想政治教育的实效性,就必须改革传统的思想政治教育教学模式,实现对思想政治教育教学模式的优化和创新。对于大学生而言,思想政治教育理论课是必修课,传统教育教学以教师为主体,学生被动接受知识,教育者是最大的教学载体。在新媒体时代,必须改变这种模式,即应该将多媒体技术作为推动思想政治教育的重要媒介,充分发挥网络在高校思想政治教育工作中的作用,真正实现多媒体技术和思想政治教育的融合;充分利用多媒体技术来进行教学,从而提高大学生的学习积极性。课堂本身是枯燥的,很多学生的兴趣无法得到有效的激发,教师可以将文字、图片、音频、视频等内容融入课堂,使学生能够在愉悦的环境中获得知识,得到全新的体验感受。

第二,教师可以利用多媒体在课堂上引入新的话题,网络的内容非常丰富,教师可以针对学生比较关注的事件开设讨论课,在讨论中提升自我,如"套路贷""校园贷"问题,教师可以以这些话题为例,让学生认识"套路贷""校园贷",引导学生形成良好的消费观念,不盲目花钱,更不能贷款,通过这样的形式,真正起到对大学生进行思想政治教育的作用。

第三,教师可以在日常课程教授的过程中使用新潮流行事物与学生进行互动,从而拉近教师和学生之间的距离,如"快闪",通过了解快闪,让学生也做一次关于"我和我的祖国"的快闪,这样能够极大地激发大学生的爱国热情,

使思想政治教育渗透在学生的头脑中，从而提升高校思想政治教育的实效性。同时，还应该充分利用"微课堂"，加强学生对课堂知识的理解与吸收。教师可以把课件上传到网上，学生可以把自己对问题的看法发到平台上，强化教师和学生在平台上的交流。

2. 优化创新思想政治教育方法

在新媒体迅速发展的时代背景之下，传统的思想政治教育方法已不能与新的发展形势相适应，只有对思想政治教育的方法进行优化创新，才能使高校思想政治教育的实效性得到提升，达到高校思想政治教育的目的。现实需求对教育方法创新拓宽了渠道，要创新方法一定要从大学生的实际情况出发。因此，在具体的课堂中，要将网络元素引入课堂，实现网络载体的全面覆盖和完善，优化创新思想政治教育方法，提高教学育人的整体实效性。

以学生为本，制定与学生兴趣相关的学习需求，也就是学校应该坚持以人为本的宗旨和理念，把学生的需求看作课堂设计的主要因素，让学生的需求成为思想政治教育课堂的中心点。教师应根据时代发展情况，制定创新的学习专题，激发学生的兴趣，让学生了解更新的国家方针和政策，不断引导他们树立正确的人生观、价值观和世界观。优化创新思想政治教育方法，拓宽思想政治教育的途径，大力推广网络平台的应用。坚持线上与线下教学的相互结合，真正提升教学效果。要摒弃传统的"填鸭式"教学方法，通过应用网络平台，充分利用新媒体技术，达到提升教学效果的目的。通过课堂教学，让学生掌握更多的理论知识，通过实践教学，提高学生的综合能力和水平。

（二）转换教育实施路径

提升高校思想政治教育实效性的重要举措就是应该不断创新思想政治教育的实施路径，使其更好地与网络时代背景相适应，符合多媒体时代的新要求。

1. 强化学校网络平台建设与应用

第一，对于高校思想政治教育工作者而言，要转变传统的教育教学模式，实现与多媒体的有机融合，高校也应该强化相应的硬件建设。

第二，强化对学校基础资源的大力支持。高校应该积极加大投入，进一步提升学校网络基础设施建设水平。从一定程度上来说，高校的网络基础设施建设应包括：加强高科技网络硬件设施建设，需要对使用者端口和接口进行有效优化；加强网络软件设施建设，学校应该强化无线网的建设，让学生能够随时随地上网，了解国家的方针、政策。通过加强学校的软硬件设施建设，能够保证思想政治教育工作的有序开展，学校可以搭建网络思想政治教育平台，学生也能够积极参与其中。还应该注意两点：一是要配备专门的人才对思想政治教育网络平台进行维护，确保授课、学习、教育的有序运行；二是提高教师的能力水平，从而积极高效地开展思想政治教育活动。

第三，高校应强化网络培训工作。高校应高度重视网络思想政治教育工作的开展，对网络平台的使用方法进行培训，培训的对象主要是网络技术人员、思想政治课教师。有效培训能让教师对网络平台有个充分的认识，在新的教学理念引导下，教育者要明确自身定位，掌握教学内容和方法，推动思想政治教育工作顺利开展。同时，高校应加强对大学生的技术培训，使大学生掌握学习方法的同时充分利用网络来进行思想政治知识的学习。针对这样的培训，高校应该根据大学生的基本情况制定相应的教学流程，让大学生能够更好地进行系统的学习。对于当前高校而言，要想达到更好地开展思想政治教育工作的目的，就必须完善网络思想政治教育课程。它不仅可以使学生的学习积极性与主动性得到大幅度提高，还可以强化学生对知识的认识和理解。同时也能够真正契合网络时代的发展，通过网络对学生进行引导，防止受西方思潮和错误思想的影响，使广大学生深刻明确思想政治教育的意义，从而端正学习态度。

2. 优化师生线上线下互动机制

第一，在网络时代，人们的交流日益便捷，线上线下教学融合的模式越来越普遍，取得的效果也越来越明显。在高校思想政治教育工作过程中，教育工作者应充分明确思想政治课堂教育和网络教育的重要性，二者缺一不可。一方面要加强理论课堂的教学，教师在课堂上对学生进行有效的引导，另一方面也不能忽视网络思想教育课堂的重要性，真正将线上和线下教育相结合，使学生在思想政治教育课堂中有所收获，提高思想政治教育的整体水平。同时，作为教育工作者应该熟练地运用网络，不断丰富网络教学资源，让学生能够获取更多、更好的知识。思想政治理论课教师应该把数字化处理和传统的教学内容结合起来，充分利用互联网技术对教学内容进行完善，充实数据库内容，让学生能够获取更多的知识，拓宽他们的视野，让大学生获得更加及时有效的思想政治教育内容。

第二，高校思想政治教育工作者应不断吸收新知识、新理论，不断丰富教学数据库，真正体现网络思想政治教育的重要性，让网络思想政治教育平台能够真正地发挥出最佳效果。首先，要不断提高网络思想政治教育平台建设的水平，充分利用多媒体技术，利用动态图、视频、音频充实平台内容，可以开展小组合作活动，促使大学生积极参与，加强教师和学生之间的沟通。其次，要不断开展丰富多彩的教学活动。伴随网络时代的到来，高校思想政治教育工作迎来了全新的挑战，只有通过优化创新思想政治教育工作形式，才能适应发展的新变化、新需求。教师应该让学生在课堂上接受知识的同时，积极参与思想政治教育教学实践，使学生通过参与形式多样、生动丰富的思想政治教育活动来加强自身世界观、人生观、价值观的完善，从而提升思想政治教育的整体效果。

3. 净化思想政治教育网络环境

所有事物都是辩证的，网络在给人们带来便利的同时，也给人们带来诸多不利。特别是对于高校来说，网络的出现给高校思想政治教育工作带来了便利也增加了难度。因此，必须加强对网络的管理，不断净化思想政治教育工作的网络环境。

第一，要从源头上加强管理，要制定良好的网络使用文明规范，引导大学生养成文明上网的好习惯，可以在课堂上组织大家一起讨论如何文明上网的问题，提高大学生对网络的认知，同时，还应该不断完善学校网络管理的制度，形成一个全方位、一体化的网络化管理系统，在校园内形成一个良好的网络氛围，提高大学生的自律意识。要强化技术引领，凸显思想政治教育网络安全的重要性，学校信息技术部门要加强网络安全的引导，通过相应的防火墙技术，防止病毒的入侵，要利用监控软件对程序和数据进行监控与过滤，抵制不健康的思想进入学生头脑，让学生在一个清净的网络环境下学习，为高校思想政治教育工作的开展提供一个良好的环境基础。

第二，要加强对网络的宣传。高校思想政治教育工作者要合理分析网络信息，特别是一些学生参与度、关注度比较高的话题，也要坚决反对和抵制网络上的一些错误言论和思想，引导大学生拥有正确的思想，使正能量的思想充满校园，发挥思想政治教育的作用。

（三）加强教育主导力量

1. 完善相应法律法规

要加强教育主导力量，就应该完善相应法律法规，建立健全各项制度，做到有法可依。如激励制度、利益相关制度、分工制度、规则制度、惩罚制度、决策制度，包括社情民意反映制度、社会公示制度、社会听证制度、专家咨询制度、决策论证制度和责任制度等。

2. 引领社会正向风气

重视网络道德建设。在新媒体背景下，全社会应明确对网络道德建设的重要性。大学生应该坚决抵制网络暴力、网络垃圾和网络侵权，做到文明绿色上网。同时高校应该确立良好的网络道德规范，培养大学生具有良好的道德素养与健康积极的人格；大力宣传与大学生息息相关的优秀网站，加大网络道德规范宣传，形成健康的网络环境。

结合实际制定政策，努力完善思想政治理论课教学工作中的不足之处，从整体上提升教学质量。各地都应该根据具体课程设置成立相应的理论课教学指导委员会，制定定期汇总答疑制度，组织专家进行精确答疑指导，保证教学指导工作落实到每一位教师。除此之外，定期对所属高校思想政治理论课教学工作进行经验汇总，大力宣传先进典型，为进一步加强思想政治理论课教学工作构建良好风气。

3. 加强学校思想引导

网络教学是课堂教学的重要辅助方式，具有帮助学生学习知识、掌握理解理论等重要作用。要充分利用网络教学的功能，不断对网络教学方式进行改革创新，大力促进网络技术与传统教学形式的融合。

落实高校主体责任。高校党委书记要落实高校思想政治教育第一责任人责任，校长要切实担负起政治责任，不断完善思想政治教育工作制度，健全教学监督机制，大力提升思想政治教育教学质量。高校应该构建由宣传、教务、学工、科研、人事等部门通力协作的教学管理体制，促进其他科目课程和思想政治教育课程紧密联系，改进完善考核方式。采用多种方式考核学生对知识的掌握情况，注重考核学生运用马克思主义观点分析、解决问题的能力，力求全面反映大学生的马克思主义理论素养和思想道德品质。

4. 推动家风家教养成

一是限制环境，控制时空。正确引导孩子浏览官方网站，抵制不良网站信息的阅读。控制时空，即控制孩子的上网时间及上网空间。二是正确引导，密切沟通。经常和孩子进行亲切沟通，了解孩子日常状态，丰富孩子生活。家长要为孩子营造健康、积极的家庭氛围，带领孩子多了解社会，要在日常的生活休闲活动中潜移默化地对孩子进行网络道德教育，让孩子健康成长。

三、提升高校思想政治教育实效性的意义

（一）坚定正确的政治方向的根本保证

所谓政治方向，是政治立场、政治理想、政治态度、政治品质、政治信念等的综合表现，其中政治理想和政治信念起着支配作用，是思想和行为的精神支柱。一个人所拥有的坚定正确的政治方向，既不会与生俱来，也不会自发产生，

而是需要通过不断地进行思想政治教育获取。人才的政治方向,从根本上说,就是社会主义、共产主义的方向。思想政治教育实效性对于确立和坚定人才的社会主义方向具有主导性的作用。

1. 思想政治教育是提高社会主义觉悟的基本途径

人才的政治方向正确与否,经常地表现为政治觉悟的高低。高校思想政治教育就是要从理论和实践的结合上对大学生进行社会主义、共产主义的教育,帮助他们不断提高社会主义的觉悟程度。

2. 思想政治教育是党的路线、方针、政策得以在大学生中贯彻落实的可靠保证

党的路线、方针、政策在大学生中的贯彻落实,主要是指党的路线、方针、政策要为大学生所知晓、所理解、所拥护、所坚持。中国共产党是社会主义现代化事业的领导核心,人才的正确政治方向,最直接的表现形式就是政治上同党中央保持一致;自觉地贯彻执行党的路线、方针、政策,这是社会主义道路和方向的具体体现,是符合广大人民群众的根本利益的,也必然会受到绝大多数群众的拥护。但是,党所确定的路线、方针、政策是从社会主义事业的全局和人民群众的长远的、根本的利益出发的,有时它会同局部的、眼前的、个人的利益发生暂时的矛盾。因此,大学生只有把握社会主义的科学理论、了解社会的发展规律,才能正确地认识和自觉地贯彻执行党的路线、方针、政策。高校思想政治教育在这方面的保证作用是通过如下途径实现的。一是通过思想政治理论课的教学教育。大学生思想政治理论课中的"马克思主义基本原理概论""毛泽东思想和中国特色社会主义理论体系概论""中国近现代史纲要""思想道德修养""法律基础""形势与政策",都能为大学生了解、理解、拥护党的路线、方针、政策提供保证。二是通过日常思想政治教育工作,如举办主题报告会、宣讲会、个别交谈、政治学习等形式来宣传党的路线、方针、政策。三是通过各种信息传播媒介,如学校报纸、广播和网站向大学生宣传党的路线、方针、政策。通过以上途径,才能保证高校大学生在实践中坚持正确的政治方向,贯彻落实党的路线、方针、政策。

3. 思想政治教育是抵制和克服各种违背四项基本原则的思想和行为的重要武器

一个合格的社会主义建设者,必须拥护和坚持四项基本原则,这是起码的政治标准。而这里所说的拥护和坚持,并不只是在口头上承认,而是要真正从思想上接受、行动上执行,在任何复杂的情况下不转向、不动摇。这就需要不断地提高认识水平和觉悟水平，同时要抵制和克服各种违背四项基本原则的错误的思想和行为，也要依靠思想政治教育的积极作用的发挥。

（二）对于培养提高大学生核心能力具有重要的现实意义

随着市场经济的不断发展，社会对人才的要求越来越高，人才竞争日趋激烈，怎样让高校大学生在激烈的竞争中脱颖而出，是每个高等院校人才培养的首要任务，也是衡量高校思想政治教育实效性的重要标尺。因此，提升高校思想政治教育实效性，就应该把思想政治教育的结果与提高高校大学生核心能力有机统一起来。

核心能力最早是由德国劳动力市场与职业教育研究所所长梅腾斯于20世纪70年代初在《职业适应性研究概览》中第一次提出的。这一概念一经提出，立即取得广大同行的广泛认可，成为欧洲许多国家建构职业教育培养目标的基本框架。核心能力这一概念发展到今天，几乎被世界所有的国家接受，但在不同国家，其名称和含义存在差异。在德国被称为"软能力"或关键能力，在美国被称为基本技能，在英国被称为核心能力，在澳大利亚被称为关键能力，在新西兰被称为必要能力，我国近年来多采用关键能力这一称谓。其基本内涵是指一种超越具体职业的、可广泛迁移的、对人的终身发展起关键性作用的能力。

就高校学生而言，其核心能力的构成要素应该包括学习能力、沟通能力、适应能力、耐挫能力、组织管理能力、创新能力和问题解决能力七项。当然这种核心能力不是高校学生与生俱来的，必须通过不断学习和实践而获取。成功的思想政治教育，将会大大促进学生的学习、沟通、耐挫等能力的提高；反之，如果思想政治教育实效性不明显，那么学生的学习、沟通、耐挫等能力将会受到重大影响，最终影响大学生的成长和成才。高校思想政治教育实效性对培养和提高大学生的核心能力具有重要的现实意义。

1. 有助于大学生学习能力的提高

当前人类正步入知识经济时代，知识和信息成为经济增值的主体，产业呈现出知识化、软性化特点；同时，知识和行业间的界限被打破，呈现出综合化的趋势。科学技术的飞速发展促使知识老化的周期变短，产品换代加速，职业的更新、更替频繁，这一切在客观上要求高校大学生具有学习的能力。学习能力是学生在学习或实践过程中遇到问题、独立解决时所体现的一种能力，具体是指在学习、实践活动中，能根据学习过程、工作岗位和个人发展的需要，确定学习目标和计划，灵活运用各种有效的学习方法，并善于调整学习目标和计划，从而不断提高自我综合素质的能力。

第七章　新媒体环境下高校思想政治教育的提升

马克思主义基本观点和方法教育，使高校大学生掌握马克思主义基本观点和方法，学会批判性学习。批判性学习能力主要是指一种反思能力。在一个社会组织里，有必要形成与维持一种促进学习和发展的组织文化，而个体反思能力的发展有助于达成此目标。一个具有职业核心能力的个体需具有对实践和学习进行反思的能力。大学生反思能力的发展不仅对行动有所启迪，而且有利于促进后续的学习。反思能力的发展也有助于大学生及时地更新知识。个体有必要通过对学习的反思和对实践的反思形成与扩充自己的知识库。通过马克思主义基本观点和方法教育，高校大学生掌握批判性学习方法，将学习的重点从掌握固定范围的知识方面，转移到通过对学习和实践的反思建构和形成自己的知识与能力体系方面，进而提升自己的核心能力。

2. 有助于大学生实践能力的提高

在现代科学技术日新月异的条件下，人的智力水平不仅取决于获取知识、运用知识和创造知识的能力，也受科学思维方法与理论和实践相结合的能力的影响。思想政治教育对大学生进行马克思列宁主义世界观的教育，用辩证唯物主义思想武装大学生头脑，帮助大学生掌握科学的思维方法，使他们的思维从专门学科的相对狭隘的视野或形而上学的思维方法中解放出来，引领大学生用辩证的方法思考问题，从事物的整体，从一事物与他事物的联系，从事物的过去、现在和未来的发展去全面地研究问题，以促进智力的开发。大学生的智力开发不仅是一个思维过程，也是一个实践的过程。大学生的实践能力不仅影响智力发展的水平，也直接关系智力应用的程度。一个只拥有书本知识而缺少实践能力的人，在某种意义上说，不能算是智力全面发展的人，应该把培养和提高实践能力作为开发智力的一项重要内容。高校思想政治教育内容十分强调实践性，通过组织各种实践活动提高大学生的组织能力、社交能力、活动能力，锻炼大学生在实践中运用和发展知识的能力，进而促进创造性思维和创造能力的发展，使大学生的智力得到更为全面的开发。

3. 有助于大学生适应能力的提高

适应能力是高校大学生自我成长过程中必须具备的一项重要核心能力。高校大学生毕业后，走上工作岗位，将面临全新的环境，在这样的环境中将不再有父母和教师的呵护和迁就，他们必须独立地去面对，学会适应，否则面临的就可能是失业。同时，随着社会竞争的日趋加剧，职业的稳定性大幅下降，个人的职业生涯中可能要经历多次的职业角色变化，如果不具备较强的适应能力，自然很难在激烈的人才竞争中立于不败之地。因此，适应能力也是高校大学生核心能力的重要组成部分，培养和提高大学生的核心能力，必须加强大学生的适应能力的培养和提高。

高校思想政治教育课程的开展，能够帮助大学生更好地认识自己，发现自己身上的不足，并不断加以改正，多学习他人身上的优点，尽可能多地去尝试、经历。在多次实践经历后，大学生能在衡量自己的能力后设定适合自己的人生目标，提高自己的适应能力。这样在将来的就业中，不会出现因为环境不尽如人意而难以施展自己的才华的现象。

4. 有助于大学生沟通能力的提高

当今世界，沟通能力已经成为21世纪人才竞争的重要能力之一。随着社会利益多元化的发展，社会问题也呈现出复杂化的趋势，个人在应对这些社会问题时，能力显得越来越有限，很多时候不得不借助他人的帮助来解决这些社会问题，即需要与人合作。与人合作的前提是必须进行必要的沟通，个人必须具备良好的沟通能力；同时，与人合作也是良好沟通能力的表现。因为与人合作要双方协商、配合，自然离不开良好的沟通能力。

随着网络技术的发展，越来越多的高校大学生通过网络获取知识和信息。网络改变了传统社会交往的秩序和规则，传统的人际交往关系亲和力强，个人沟通能力是在与他人的接触中得以提高的。随着网络技术的出现，人们的交往不再受时空的制约，不必顾虑世俗和利害冲突，可以随时随地地寻求思想和情感交流。新型的"人机关系"开始出现，使人们感到无比自由，避免了现实世界的危机和压力，但长期的"人机交往"很容易导致虚拟与现实的混淆和错位，使人产生孤独、苦闷、焦虑等消极情绪乃至在现实中出现人际交往障碍。不少大学生表示：迷恋上网络后，给家里打电话、与朋友聚会的次数大大减少了。更有甚者，大学生在网络社会交往中一旦受骗，容易导致对现实社会人际交往产生怀疑、悲观的态度。这对那些原来就有人际交往障碍但又渴望别人关心、理解的学生来说更是雪上加霜。此外，长时间的网络交往，容易造成人际情感的淡化，使人趋向于社会分隔化和个人孤立化，导致大学生人际关系疏淡、沟通交往能力下降。

针对上述情况，高校思想政治教育工作者开展了大量诸如社会调查、小组讨论、集体参观、主题辩论等活动。通过这些活动，学生表达了自己的观点、获取和分享了信息资源，进一步认识了他人和社会，建立起彼此之间的联系，从而提高了自己的沟通能力，增强了个人的核心能力。因此，高校思想政治教育的第二课堂是培养大学生沟通能力的重要渠道，也是培养大学生核心能力的基石。

5. 有助于大学生组织管理能力的提高

组织管理能力，按照美国管理学家杜拉克的观点，指一种参与能力，是指劳动者形成自己的工作场所和工作环境，做出决定，并为承担职责做好准备的能力。它包括理解业务过程和组织机构的能力、理解组织的财政情况的能力、理解组织的行政管理和其他方面的管理事务的能力、理解并进行质量管理和质量控制的能力、监管的能力、教授和培训的能力。在现代企业中，随着劳动者的流动性的加大，企业中永久性的劳动者会不断减少，企业必须信任劳动者，而劳动者必须担负起管理自己的职业生涯的责任。在新的环境下，劳动者要能在工作场所做出决策，这要求劳动者必须具备一种组织管理能力。高校通过思想政治教育工作战线——学生会和社团，让学生组织相关活动，参与学生事务管理，提高学生的组织管理能力，增强学生的核心能力。

6. 有助于大学生解决问题能力的提高

在高等教育过程中，有必要强调大学生利用认知过程解决现实问题的能力。因为高校大学生无论是在学习还是在将来的工作中，都将遇到一系列的现实问题，作为有竞争力的高等人才，大学生必须能快速而妥当地处理好这些问题，这也是提高大学生核心能力的前提。

就高校思想政治教育实效性对大学生问题解决的意义而言，思想政治教育工作者通过社会调查实践、案例分析等手段创设与大学生成长成才相关的问题情境，要求大学生运用已掌握的知识、技能对其进行分析、判断，有效地利用资源，通过提出解决问题的意见，制订并实施解决问题的方案并适时对其进行调整和改进，在实践中解决问题、完成任务，包括按工作任务要求，运用所学知识发现问题、分析问题、提出问题；工作过程中的自我控制和管理以及工作评价、安全意识和社会责任感等。通过这样的锻炼，不断提高大学生解决问题的能力。

7. 有助于大学生创新能力的提高

伴随着科技的创新与发展，我国知识密集型的产业逐渐增加，传统的产业结构在优化提升，新兴产业不断涌现，因此，需要大批高等技术创新人才。高等技术创新人才需求的竞争，本质是高校大学生创新能力的竞争。

创新能力是指在工作活动中，为改变事物现状，以创新思维和技法为主要手段，能提出改进或革新的方案用于实践，并能调整和评估创新方案，以推动事物不断发展的能力。它是从事各种职业特别需要的一种社会能力，是高校大学生核心能力中最为重要的能力。为此，高校思想政治教育工作者设立了"思想政治论坛",组织学生自由选题,自主查阅资源,进行研讨交流;组织学生撰写报告、研究答辩等,开阔了学生的眼界,拓宽了学生的思路,增强了学生思维的敏捷性、灵活性和创造性,使其真正学会学习、学会研究、学会创造,逐渐培养大学生的创新能力,增强其持续发展的潜力。

高等教育的多年实践证明,不断加强大学生的思想道德教育的实效性,不仅能不断提高大学生的思想政治素质、道德品格和法律修养,还能培养和提高大学生的学习、沟通、适应等能力,增强大学生的核心能力,帮助大学生尽快适应岗位需求,在职业环境中重新获得新的职业知识和技能;促使大学生在工作过程中调整自我、发展自我,形成可持续发展的能力,促进自我的全面发展。

(三)大学生自身健康成长的内在需要

思想政治教育工作存在的理由从根本上讲来自人和社会发展的需要,是个人健康成长和社会顺利发展必不可少的工具。

人类的本质属性一般由生物性、社会性、精神性三个基本维度来界定。人首先是生物性的存在,在这方面,人与其他生物有更多的相似性,这种生物性的存在需要物质能量的供应,这主要涉及人与自然的关系,为此人类要从事物质生产活动,需要不断发展科学技术,提高自身的工作效率,尽可能地从自然中获取更多的物质能量来支撑自身的生存和发展;同时生物性的人也具有一般动物的不少特性,即往往追求自身生理本能需要的最大化。另外,人和一般动物的根本不同之处还在于人类的精神性存在,具有高智商的人不会满足于填饱肚子,还一直寻求生活的意义。每个人都需要有理想和信仰,追求自尊、自由、渴望独立。然而,理想和信仰的建立与实现,自尊、自由与独立的获得,取决于众多条件。这本身也是一个理论创新的过程,符合人类社会发展规律的理论体系是通过艰辛的理论创新过程形成的,同时也必须通过社会化的过程内化为社会每个成员的自觉追求,这自然离不开思想政治教育工作。

大学生自尊心强,好胜心强,也具有摆脱权威、追求独立的一面,这些都是青年人的优点,是青年大学生追求上进、敢于创新的基础。但青年大学生也有许多自身的局限,在校园中成长,对社会了解较少,没有生活挫折的历练,对人生应该具备的相关知识了解不多,体悟不深,需要更为系统深入的世界观、人生观教育,需要将人之所以为人的本质要求转化为大学生自己内在的要求。所以,针对青年大学生的实际状况,加强高校思想政治教育工作,是大学生顺利成才的重要一环,不可或缺,未来的社会需要越来越多的全面发展的高素质的人才,而公平竞争意识、团队合作精神、民主法治精神、百折不挠意志等,

第七章 新媒体环境下高校思想政治教育的提升

成为21世纪青年大学生走向成功的必备素质。高校一定要改变过分重视专业学习,而忽视理想教育、政治教育、道德教育、心理教育的不良现象,为大学生成为合格的社会主义建设者奠定坚实的基础。

1. 有效规范调控品德行为

所谓规范调控品德行为,就是对大学生的思想、品德、行为的规范、调节和控制,它界定偏离思想政治教育方向和目标的思想、品德、行为的不合理性,排斥和纠正干扰、冲击思想政治教育方向和目标的思想、品德、行为。随着经济全球化和市场经济的进一步推进,一部分人为了追求经济利益而不择手段,他们不惜损害他人的合法权益。思想政治教育对提高个体的道德修养、规范个体的行为方式、满足个体的道德需要和追求有着重要的意义,一方面思想政治教育通过有计划、有组织地对大学生施以道德影响,帮助大学生提高道德认识、陶冶道德情操、确立道德信念、养成道德习惯,把道德意识转化为道德品质,使个体了解和掌握社会所需要的、合理的道德规范;另一方面思想政治教育促进个体内化道德规范、实践履行道德规范,用符合社会发展要求的、合理的道德规范来指导和约束自身的行为,提高道德自律能力,形成良好稳定的道德品行,建立良好的人与人之间的道德关系,营造良好的人际交往氛围,实现个人与他人的和谐发展。

2. 塑造理想人格

人格是具有不同素质基础的人、在不尽相同的社会环境中所形成的意识倾向性和比较稳定的个性心理特征的总和。简言之就是做人的规格。人的规格有高有低。所谓塑造理想人格,就是有意识地创造人们共同景仰的人格范型,引导人们攀登崇高的道德目标。人格包括人的认知能力特征、行为动机特征、情绪反应特征、人际关系协调程度、态度信仰体系、道德价值特征等。人格不仅控制着人的行为方式,而且决定了人的发展方向,高校思想政治教育工作者通过一系列传导理论和实践活动,促使受教育者形成社会所要求的品格、思想境界、道德情操等。这样,高校思想政治教育工作者把外在的社会要求转化为受教育者内在的意识,这些受教育者的内在意识、动机再转化为其外在的行为。为了促成这两个转化,高校思想政治教育工作者必须不断研究社会要求与人格完善需要之间的关系,研究内化的具体条件,为进一步促进个体人格的完善提供良好的基础条件。

当然,高校思想政治教育的对象不仅仅是大学生,也包括高校的领导、教师等,加强高校思想政治教育工作是确保高等院校健康发展的保证。高校担负着特殊任务和责任，学校领导班子必须按照社会主义政治家、教育家的要求，做到理论清晰、政治坚定，能够驾驭和把握学校改革发展与稳定大局，能够坚持社会主义办学方向，全面贯彻党的教育方针，培养德、智、体、美、劳全面发展的社会主义建设者和接班人。把培养什么人、如何培养人作为高校工作的根本任务，这就要求高校领导站在全局和战略的高度，充分认识高校在加强党的执政能力建设中所肩负的重要使命，努力探讨新形势下教育发展的新规律，牢牢掌握社会主义人才培养工作的主导权，在市场经济条件下，确保高校是切实为人民服务的学校，是贯彻科学发展观的楷模，是构建和谐社会的重镇，从而为全面建成小康社会做出最大的贡献。

第三节 新媒体时代高校思想政治教育亲和力的提升

一、新媒体背景下高校思想政治教育亲和力的内涵

（一）新媒体背景下高校思想政治教育亲和力的含义

高校思想政治教育亲和力作为一种情感上的持续的推动力，限定的范围不同，推动的主体和接受的客体是特定的，所产生的影响也不同。高校思想政治教育亲和力可理解为将亲和力作用的空间范围限定在高校之中，其中主导亲和力提升的主体指的是高校的思想政治教育工作者，包括思想政治理论课的教师，以及大学生日常思想政治教育工作者、党政干部以及专职辅导员或教务人员；客体指的是高校中的接受教育的大学生群体。新媒体背景下开放共享的理念和先进技术优势悦纳了不同群体，尤其是走在时代前沿的大学生群体，高校思想政治教育亲和力可以通过积极利用新媒体背景下的先进理念和技术优势提升教育对象的亲近感、认同感而获得其对所传递价值理念的悦纳。

基于以上分析，新媒体背景下高校思想政治教育亲和力可以理解为高校的思想政治教育工作者即教育主体坚持以人为本的理念，遵循思想政治教育的基本规律，通过借鉴新媒体思维和利用新媒体技术优势，持续优化教育过程与提升自身素质，使大学生对思想政治教育增强亲近感、认同感、和谐感。

（二）将亲和力纳入新媒体背景下研究的原因

第一，顺应思想政治教育生态的变迁。当代科学哲学家米歇尔·塞尔在其著作中指出，"受众"被媒体"格式化"了，在这个"师生媒体化"时代，一方面，主客体关系发生了改变。新媒体的隐匿性与平等性等特征使主客体界限日趋模

第七章　新媒体环境下高校思想政治教育的提升

糊,师生间思想的差距越来越取决于对新媒体背景下信息的了解和对新技术的掌握程度。换句话说,新媒体背景下如同有着一道看不见摸不到的"信息之海",如果教育者没有掌握"划舟"的技术甚至没有"划舟"的意识,那么只能和学生"相隔两岸"。另一方面,传统封闭的"百人课堂"式教育场所被摒弃,传统课堂的"信息红利"弱化,无时不网、无处不网的新媒体网络瓦解了传统课堂时空受限的弊端,大学生越来越青睐于在空间开放、时间自由、言论民主的网络平台学习。高校若想提升思想政治教育亲和力,就不能故步自封,新媒体必然要进入高校思想政治教育的视野。

第二,将亲和力与新媒体的理念与目标具有契合性。首先,新媒体以其开放共享的理念悦纳了不同群体,当前大学生是新媒体技术使用的主力军,大学生人手至少一个新媒体账号,而对于高校思想政治教育亲和力工作而言,教育对象在哪,工作就要做到哪,这与亲和力工作应该包含思想政治教育全员、全过程、全方位的宗旨相统一;其次,新媒体背景下"用户至上"的理念将用户的需求放在首位,具有民主、平等的特点,本质上体现的是以人为本的思想,这与现代高校思想政治教育亲和力工作以学生需要为本的宗旨不谋而合;再次,新媒体注重用户的黏度,用户黏度是指用户对于品牌或产品的喜爱、信任与良性体验等综合表现的依赖程度和再消费期望程度,即什么东西吸引人,什么东西就能黏住教育对象,就能"增粉",这与思想政治教育亲和力研究如何通过提升教育对象的亲近感、认同感,最终实现其对所传递价值理念的悦纳是同样契合的,如商业化的运营模式就因能抓住人的心理特点而"增粉",值得高校参考;最后,网络并非高校思想政治教育的盲区,在媒体网络环境中积极树立阵地意识、以加强网络阵地的意识形态建设为当前的首要目标,同样以媒体网络环境潜移默化地向大学生传递特定价值观念也是当前思想政治教育的重要手段,二者具有内在旨归的一致性。

第三,亲和力与新媒体相互作用,相辅相成。首先,新媒体技术手段的不断革新增强了高校思想政治教育亲和力提升的可行性。新媒体背景下移动终端的不断创新使得高校思想政治教育途径的传播呈现多样性。如通过微信公众号推送使大学生获得更加直观的声、光、触信息体验;在网络直播中,大学生可以通过实时的弹幕进行互动;通过虚拟现实技术实现教育的情境化和体验化,加深大学生对教育活动的记忆。而这些被称为"第六感官"的媒体平台和技术手段,恰恰适应了现代大学生的思维方式和使用习惯,相比于传统媒体进行的教育,随着媒体技术成长起来的大学生仿佛对新媒体有着先天的熟悉感和兴奋感,二者之间也似乎有着天然的联系。其次,高校思想政治教育亲和力的提升又反过来规范了复杂的新媒体环境。意识形态领域很多错误思潮和问题往往以网络为温床而发酵。加之现今经济全球化浪潮的兴起，部分大学生群体的价值取向呈多元化趋势，网络上人云亦云的错误跟风现象盛行，言行过激的文化不自信现象比比皆是。高校的思想政治教育亲和力提升，使得大学生对思想政治教育所传递的价值理念自觉悦纳，从而完成正确的价值观念的构建，那么复杂的新媒体环境自然而然就会得到规范。

二、新媒体背景下高校思想政治教育亲和力的构成要素

（一）兼具人际魅力与传授魅力的教育主体亲和力

思想政治教育主体是思想政治教育活动的组织、实施与调控者，包括从事思想政治理论课教学和日常思想政治教育不同岗位的工作人员。哲学上的主客体观经历了由本体论到认识论的过程，而近年来"主体间"理论较为盛行。虽然说教育者与受教育者二者是主体间关系，但基本上主体应是教育者，起主导作用。教育主体是教育亲和力的直接体现者，它是实现亲和力的基础的、能动的、显性的力量，在教育过程中扮演着启发、催化其他教育亲和力的重要角色，起着协调其他亲和力要素的中枢作用，具有不可替代性，既是亲和力的发起主体之一，又是串联其他要素、优化教育活动的主导者，一定程度上决定了高校思想政治教育亲和力的实现程度。

新媒体背景下教育主体亲和力主要体现为良好的人际魅力和传授魅力。首先，教育主体的人际魅力是指教育者在大学生学习认知、情感交往过程中，所展现出来的态度、情感、气质、个性等方面的总和，其核心是人际的吸引力，体现着人与人之间心灵的亲密度、思想的融洽度和行为的协调度。由情感力、形象力、学术力等综合构成，一名合格的高校思想政治教育工作者应本着以人为本的理念，在情感上对受教育者倾注充分关怀和尊重，以平易近人的态度打破传统的教师刻板、严肃的形象，并以专业的知识底蕴为大学生解决思想上的困惑，从情感、道德、知识三个层次成为大学生精神世界可以信赖、亲近和敬仰的引导者和合作者，所谓亲其师，才能信其道。其次，新媒体背景下教育主体的传授魅力是指以较高的媒介素养精心设计所传授内容，使之呈现出艺术力、感染力与吸引力，包括教育主体的扎实的理论功底和富于艺术性的教学形式。新媒体背景下，传统"百人课堂"的照本宣科式传授已不能满足大学生的需求；同时，"互联网+"教育的出现，使得教育主客体间的明确界限日趋模糊，人们并不关注讲授者是谁，反而更关注讲授内容的优劣，因此教育者应该思考的

是如何提升自己的传授魅力使讲授内容成为大学生喜爱的黏性内容。可见，无论是现实的还是虚拟的教育途径，转变传统的教育理念，借鉴互联网思维，不断提升自己的媒体素养，与大学生进行思维与情感的交融，才能提升教育者自身的传授魅力。

（二）理性深度与现实温度并存的教育内容亲和力

思想政治教育内容是指教育者向受教育者所传递的符合一定社会要求的思想道德信息，是实现教育目的的载体，同时也是构成思想政治教育活动的最基础部分。思想政治教育想要有亲和力除了要使教育主体"以情化人"，更要用内容"以理服人"。部分学者将其归纳为"内在力"，它是思想政治教育呈现出的一种真理的力量，使大学生在思想上与之产生共鸣。马克思指出，理论只要彻底，就能说服人。所谓彻底，就是抓住事物的根本。因此，在新媒体环境海量纷杂的信息中，思想政治教育内容要能抓住根本，彰显教育内容的理论深度。这种深度并不是说理论多么高深晦涩，而是说在理论逻辑上要有一定的科学严谨的说服力、解释力。只有讲通思想政治教育内容的道理和逻辑，才会使受教育者不排斥这种特定的价值观念，从而产生亲近感与和谐感。

面对新媒体背景下多重社会意识形态的激烈交锋，思想政治教育内容只有理论的深度是不够的，还必须蕴含现实的温度。这种现实温度表现为要有问题导向意识，要能旗帜鲜明地对一些错误思潮和价值观念加以批判与引导。还要能融入受教育者的生活世界，满足他们真正的需要，直面大学生成长期遇到的思想上的困惑和对未来生活的迷茫。如果把马克思主义基本原理变为脱离生活实践的冰冷教条进行说教，那么最终则会丧失生命力和说服力。只有传授具有现实温度的思想政治教育内容，受教育者才不会觉得教育内容是"形而上"的枯燥理论，从而实现理性与感性的双重亲和。

（三）契合个性意识与时代意识的教育方法亲和力

思想政治教育方法指的是在遵循以人为本的前提下，为教育活动的顺利展开以及教育目的的顺利达成所采取的一定教育手段和途径。思想政治教育是否具有亲和力，与教育者以何种方式开展思想政治教育活动是密不可分的。

在新媒体背景下，大学生的个性意识凸显，传统单一的课堂说教方式只会遭到他们的抵触和排斥。由于个体主客观条件上的差异，思想政治教育方法亲和力首先表现为要有针对性，要因材施法；其次表现为人文性，在遵循思想政治教育的基本原则的前提下，能与受教育者换位思考，将情感的交流与精神的融合放在首位；最后表现为艺术性，艺术性就是要通过个性的交流将教育方法灵活运用，具体问题具体分析，从而找到最适合受教育者的方法，而非不分地点场合的生搬硬套，总之就是使教育方法契合个性意识，充分尊重受教育者，了解每个个体的真正所需，这样才会使受教育者产生亲近感与悦纳感。

思想政治教育方法的亲和力还要兼具时代意识。新媒体技术的不断变革也要求具有亲和力的方法进行变革，在数字技术高度发达的今天，思想政治教育方法要与时俱进，以新媒体技术实现思想政治教育和科技的高度融合。具体来说，这种时代意识集中表现为教育方法的生动性、趣味性、创新性。例如，将传统谈话咨询法与大数据技术相结合，不但可以增强此方法的针对性，更能增强科学性，通过数据分析提前准备好谈话内容，更容易拉近与受教育者心灵的距离。

（四）开放多元与新旧交融并存的教育载体亲和力

在思想政治教育活动中，教育者用于承载和传递特定教育内容与价值观念的部分都可以称作载体，常见的载体包括大众传媒载体、文化载体、语言载体、活动载体、情境载体等。虽然载体形式种类众多，但在实际的思想政治教育活动中不能将它们独立区分开来，而应将多元的载体进行科学的有机组合并综合运用，发挥其最大效力。

开放多元是指横向上教育者要使教育载体具有开放性与多元性。新媒体背景下不同文化的边界日益消融，在各种信息如潮水般涌入的背景下，教育者除了要多元地选择和运用载体，还要报以开放的心态，不断提高自身眼界和素养，对不同地域、不同国界的教育载体呈包容之姿，取其精华、去其糟粕地批判性运用。只有在空间上开放多元地运用教育载体，教育内容才会以最好的形式呈现出来，受教育者也才会为之吸引亲近。

而新旧交融指的是纵向上教育者要发挥传统的教育载体和新兴教育载体的合力。首先，重视思想政治教育课堂的主渠道等传统载体，努力提升思想政治理论课的亲和力，在注重教材理论完整性的同时，更加注重学生的现实需求。其次，因时制宜，在传统载体的基础上，大胆地对已有载体进行创新，如将传统的话语载体由书面语言转变为接地气、生动幽默的通俗语言；或以喜闻乐见的形式搭建具有互动性、开放性的新媒体实时教育平台等。当前新媒体技术在思想政治领域可发挥的空间仍需高校深度挖掘，以教育载体的新旧交融实现思想政治教育学术性、人文性、感染性、现实性的高度统一。

（五）和谐民主的校园文化环境及虚拟舆论环境的亲和力

思想政治教育环境是指能够影响教育对象思想观念形成与发展的一切外部因素的总和。马克思主义的人与环境关系学说科学揭示了人与环境之间是辩证统一的关系，一方面环境为人的生存和发展提供必要的物质条件，另一方面人的认识被环境影响，即社会存在决定社会意识，社会意识是社会存在的反映。以此为理论依据得知，在思想政治领域，积极健康的环境能够在潜移默化中引导、感染人形成正确的价值观念，而纷杂的环境必会在一定程度上不益于人的身心发展。

高校思想政治教育环境分为校园文化环境与虚拟的舆论环境。其中校园文化环境又被称为中观环境，其指高校经过长期积淀，对某一价值体系形成的共识，是高校精神风貌的集中体现，既包括课堂、物质设施显性的文化环境，也包括校风、制度等同样起教育作用的隐性文化环境。无论是显性的还是隐性的文化环境，都应摒除那些思想政治教育中硬性、强制性甚至不公正等的行事风格，将民主和谐的观念纳入校风、师风等校园文化环境建设中，自上而下地形成使受教育者倍感信赖、亲近的校园文化环境。

随着新媒体网络技术的盛行，以符号数字化为代表的网络话语体系兴起，区别于主流文化和精英文化的青年亚文化已成为校园文化不可分割的一部分，大学生文化消费呈多维性和选择性等特征，这些无一不表明校园文化环境正在发生着变革。与此同时，可以看到由这种变革所带来的一些不利于思想政治教育顺利开展的虚拟舆论在持续发酵，如一些高校形象及教师形象被无故抹黑，社会道德、价值观念在网络上被娱乐化等，归根结底是由于高校思想政治教育工作在新媒体中的话语权生硬化、敷衍化以及官方化，没有满足大学生的诉求造成的。因此高校虚拟的舆论环境应同样纳入和谐民主的观念，使受教育者都能感受到自己是舆论环境建设的一分子，才能感到亲近和谐。

三、新媒体背景下高校思想政治教育亲和力提升的途径

（一）借鉴媒体思维：增强情感共鸣力

新媒体的热度之所以只增不减，究其原因，在于其以"用户为上、体验为先、内容为王、创新为要"的新媒体思维抓住了新时代主流大众的心理。在新形势下，教育者必须摒弃传统的育人理念，在理论功底、人际交往、道德品行三方面积极借鉴新媒体思维，以大学生的情感需求为"上"、价值体验为"先"、人文性的内容为"王"、教育形式创新为"要"，打造属于思想政治教育工作者特有的主体魅力场，不断增强大学生之间的情感共鸣力，促使受教育者以最优状态接受思想政治教育所传递的特定价值观念，由对人的好感过渡到对思想政治教育的好感。

1. 确立"以情感人、因材施教"的人际魅力

所谓人际魅力是指教育者在大学生学习认知、情感交往的过程中，所展现出来的态度、情感、气质、个性等方面的总和，其核心是人际的吸引力，体现着人与人之间心灵的亲密度、思想的融洽度和行为的协调度。想要提升人际魅力，教育者需要运用人际吸引律，借鉴"用户为上、内容为王"的思维，以前沿的眼界、平等的姿态、高度的热情对受教育者产生人际吸引，塑造一个新媒体环境下的良性互动机制与互信氛围，使教育主体的亲和力在一种和谐氛围下不自觉地显现出来。

2. 打造"以德化人、严慈相济"的形象魅力

高校思想政治教育工作者具有劳动示范性特点，他们的精神气质、道德品格、一言一行都在潜移默化中影响着教育对象。正如习近平所说，亲其师才能信其道，要用堂堂正正的品格做学生的表率。新时代下，教师要树立坚定的理想信念、崇高的道德情操，集仁爱之心为一体的教育形象，在言传的同时，更不忘身教，给学生心灵塑造理下真善美的种子，"引导学生扣好第一粒扣子"，使受教育者在教育者的一言一行中感受到亲近、和谐的力量。针对高校层面来说，更应及时净化舆情，面对谣言及时澄清，帮助教育工作者树立积极正面的形象。

3. 培养"以理服人、虚实统一"的传授魅力

思想政治教育作为理论知识型为主的学科，其道德教化性较强，在新媒体背景下，借鉴新媒体"内容为王"和"创新为要"的思维，注重运用新媒体技术进行不断加工和创新，不断增强教育主体"以理服人、虚实统一"的传授魅力。这就要求高校在重视教育工作者理论素养的同时，更要加大人力、物力、财力的投入，注重对教育工作者媒介素养的培养与提升。可以说，培养集高媒介素养和高理论素养于一身的复合型人才队伍，是适应时代飞速发展的必然之选，更是提升教育工作者自身传授魅力、缩小与受教育者心灵与思维的鸿沟的捷径。

（二）延伸理论空间：加深价值认同力

1. 开展"互联网+教育"的延伸式教学

新媒体背景下"互联网+教育"的出现，充分使课堂教学得到了时间与空间上的延伸，实现了以课堂教学为基础、以网络与实践课堂为辅的立体化时空教学，是线上和线下教育的大融合。结合"互联网+教育"开展思想政治教育是专注服务学生、尊重育人规律、拥抱时代的必然之选。

2. 巧用微平台扩充日常隐性教育新阵地

可以看到,在新媒体背景下,大学生的认知特点和需求都有了新的特点,以往单向度的红色网站等教育形式已经无法适应新媒体时代下大学生的个性需求,高校必须了解大学生的信息接受偏好,精心设计大学生喜闻乐见的教育形态,积极开发易于网络有效传导的隐性化内容,满足大学生对教育个性化的诉求,使思想政治教育在竞争激烈的网络领域占据一席之地,实现思想政治教育显性化与隐性化的统一。

3. 加强新形势下的适应性理论研究

恩格斯指出:"每一个时代的理论思维,都是一种历史的产物,它在不同的时代具有完全不同的形式,同时具有完全不同的内容。"新媒体背景下,社会实践和信息技术不断向前发展,思想政治教育理应与时俱进,改变传统意义上对思想政治教育的理论价值和固有属性的认识,在满足大学生认知需求的基础上,更注重其情感层面的需求,走进网络、利用网络,以崭新的媒体网络视角不断加强基础理论、认知需求理论和心理动态理论的优化研究,打造贴近大学生生活实际、既有深度又有温度的教育内容。

(三)推动方法创新:增强艺术感召力

新媒体背景下,一些传统的思想政治教育方法已经不能完全适应新的现实环境,面对新媒体技术带来的机遇与挑战,教育主体必须积极拓宽媒体视野,在对传统教育方法精准总结的基础上,将传统教育方法与新媒体技术相结合,打造富有艺术力和感召力的教育方法。

1. 结合媒体体验推进网络同构式教育法

网络同构式教育法是指以教育主客体间的共同或相似属性为切入点建构起的互依互信的和谐域,坚持了以人为本的宗旨,真正体现了对教育对象主体性的高度尊重,蕴含了丰富的情感关照,主要分为教育目标、思维方式与情绪情感的同构。

2. 结合"意见领袖"完善朋辈渗透式教育法

朋辈渗透式教育法是指通过榜样示范、互帮互助等多种途径,积极发挥背景相仿、趣味相投、追求一致的大学生群体内部间的相互影响性和感染性,在潜移默化中促使个体见贤思齐、取长补短,最终达到群体共同成长的效果。面对新媒体带来的种种挑战,只有正确运用朋辈渗透式教育法,积极发挥群体间的影响作用和带头作用,通过在大学生群体中培养网络"意见领袖",打造朋辈渗透式教育的媒体平台等，才能不断丰富朋辈渗透式教育形式，更新朋辈渗透式教育理念。

3. 结合大数据分析创新咨询辅导教育法

咨询辅导教育法的本质是疏导，以教育主客体间良好的人际互动为前提，它是彰显思想政治教育亲和力的重要方法之一。新媒体背景下的大学生有两种存在形态：一是现实中以肉身存在的个人，其思想难以琢磨；二是在新媒体网络中以数据形态存在的虚拟人，通过数据分析可将其思想高度透明化。因此，咨询辅导教育法理应结合大数据进行创新，依托互联网和各种移动终端，使思想政治教育工作者可以广泛收集思想政治教育对象的信息。

参 考 文 献

［1］张耀灿，郑永廷，吴潜涛，等.现代思想政治教育学 [M].北京：人民出版社，2006.

［2］张瑜.高校网络思想政治教育发展与创新研究 [M].北京：人民出版社，2014.

［3］冷天玖.高校思想政治教育整体优化与创新机制探索 [M].北京：中国水利水电出版社，2015.

［4］蔡田，李翔宇，贾伟杰.高校思想政治教育前沿问题探究 [M].北京：中国书籍出版社，2014.

［5］崔文志，王报换，高杨文.新时期高校思想政治教育创新研究 [M].北京：首都师范大学出版社，2007.

［6］韩源，侯德芳，杨长荣，等.新世纪的高校思想政治教育 [M].成都：西南财经大学出版社，2002.

［7］周长春.新形势下大学生思想政治教育探索 [M].北京：北京工业大学出版社，2005.

［8］刘雪峰，林晓丹，吕聪玲.高校思想政治教育与校园文化建设创新研究 [M].哈尔滨：黑龙江大学出版社，2014.

［9］罗洪铁，周琪.思想政治教育学理论的形成和发展研究 [M].北京：中国文史出版社，2014.

［10］陈成文，姜正国，高小枚，等.思想政治教育学 [M].长沙：湖南师范大学出版社，2007.

［11］王洁松，刘锦锗.新媒体时代的高校学生思想政治工作研究 [J].中国科教创新导刊，2010（16）：16-17.

［12］朱林，胡勇.创新高校思想政治教育的途径与方法 [J].群众，2008（7）：74.

［13］陈春帆.网络时代高校思想政治工作面临的机遇、挑战和对策[J].才智，2011（11）：283-284.

［14］王焕成.新媒体环境下大学生思想政治教育发展的新趋势[J].当代教育论坛（管理研究），2010（8）：36-38.

［15］王晓芳，毛永强.网络背景下的当代大学生思想政治教育[J].品牌，2015（2）：247-248.

［16］张龙.论新媒体时代下高校大学生思想政治教育工作[J].品牌，2015（1）：35.